中国社会科学院创新工程学术出版资助项目

我国能源行业财税政策及税费水平的国际比较

史丹 等◎著

中国社会科学出版社

图书在版编目（CIP）数据

我国能源行业财税政策及税费水平的国际比较/史丹等著 . —北京：中国社会科学出版社，2016. 6

ISBN 978 - 7 - 5161 - 8032 - 7

Ⅰ. ①我…　Ⅱ. ①史…　Ⅲ. ①能源政策—财政政策—研究—中国 ②能源政策—税收政策—研究—中国　Ⅳ. ①F426. 2 ②F812. 0

中国版本图书馆 CIP 数据核字(2016)第 084308 号

出 版 人　赵剑英
责任编辑　王　曦
责任校对　周晓东
责任印制　戴　宽

出　　版　中国社会科学出版社
社　　址　北京鼓楼西大街甲 158 号
邮　　编　100720
网　　址　http：//www. csspw. cn
发 行 部　010 - 84083685
门 市 部　010 - 84029450
经　　销　新华书店及其他书店

印刷装订　三河市君旺印务有限公司
版　　次　2016 年 6 月第 1 版
印　　次　2016 年 6 月第 1 次印刷

开　　本　710 × 1000　1/16
印　　张　12. 5
插　　页　2
字　　数　206 千字
定　　价　48. 00 元

凡购买中国社会科学出版社图书，如有质量问题请与本社营销中心联系调换
电话：010 - 84083683

目　录

第一章　我国现行财税制度简介

我国税制以企业缴税为基本特征，企业纳税占税收总收入的 90% 以上，能源行业、能源企业也不例外。本章集中介绍我国现行财税制度，包括税制、政府性基金和财政支出制度。

一　我国税制沿革

从新中国成立至今，我国经济体制经历了从计划经济向市场经济的重大转变，从而导致税收制度在国民经济生活中的地位发生了巨变。

（一）计划经济时期税制（1950—1978 年）

（1）1950 年建立社会主义新税制。新中国成立后，1950 年 1 月 30 日政务院发布了《关于统一全国税收的决定》、《全国税政实施要则》，以暂行条例的形式发布了在全国统一开征的 14 个税种，标志着新中国社会主义税收制度建立起来了。这 14 个税种是货物税、工商业税、盐税、关税、薪给报酬所得税、存款利息所得税、印花税、遗产税、交易税、屠宰税、房产税、地产税、特种消费行为税、使用牌照税。

（2）1953 年修正税制。为适应工商业的经营形式的变化，实行商品流通税。对烟叶、酒、原木、水泥等 22 种产品，从生产到消费环节实行一次征收制，合并了生产经营环节应纳的货物税、营业税、印花税，试行商品流通税。商品流通税，在商品的第一次批发或调拨环节征收，以后各环节均不再征税；货物税、营业税、所得税等也将一些项目合并简化。

（3）1958 年改革工商税制，统一全国农业税制。1958 年经全国人大常委会通过实行工商统一税，将原来的商品流通税、货物税、营业税、印花税合并，对商品流转额和非商品劳务收入额征收，纳税环节是两次征收制，即工业生产和商品零售环节，并在全国统一了农业税制。税种的合并，造成税收功能基本丧失。

（4）1973 年改革工商税制。实行工商税，把企业原来交纳的工商统一税、城市房地产税、车船使用牌照税、屠宰税、盐税合并，对商品流转额和劳务收入额征收，在纳税环节上采取两次征收制。

（二）改革开放初期税制（1979—1993 年）

党的十一届三中全会以后，计划经济体制难以为继。税收的作用重新得到重视，这一时期税制改革的核心是实行“利改税”，即把原来国营企业向国家上缴利润改为征税。

1984 年工商税制全面改革设置的税种分为五类，并奠定了今天税制的主要格局。分别是（1）流转税类：产品税、增值税、营业税、关税、牲畜交易税、集市交易税、工商统一税；（2）所得税类：国营企业所得税、国营企业调节税、集体企业所得税、外商投资企业和外国企业所得税、城乡个体工商业户所得税、个人所得税、个人收入调节税、农业税；（3）资源税类：资源税、盐税、耕地占用税、城镇土地使用税；（4）财产税类：房产税、契税、城市房地产税、车船使用牌照税、车船使用税；（5）行为税类：奖金税、国营企业工资调节税、固定资产投资方向调节税、烧油特别税、屠宰税、印花税、筵席税、城市维护建设税。

（三）分税制改革以来的税制（1994 年至今）

分税制改革扭转了前期税收体制与市场体制不相适应的局面，奠定了公共财政的收入基础。分税制改革主要包括工商税制改革、税收分享改革和征管体制改革。其中工商税制改革的内容是：

（1）改革流转税：对商品的生产、批发、零售和进口环节全面实行增值税。增值税的改革成为流转税改革的核心，同时设置了增值税、消费税、营业税等税种。

（2）改革所得税：合并原有的国营企业所得税、集体企业所得税和私营企业所得税，规范了税率和税前扣除项目。在合并个人所得税、个人收入调节税和城乡个体工商户所得税的基础上，重新修改了个人所得税法。

（3）其他税种的改革：为合理调节土地增值收益设置了土地增值税；保留了固定资产投资方向调节税、印花税、土地使用税和耕地占用税；修订了城市维护建设税和契税；计划开征证券交易税和遗产税与赠与税。

分税制改革后，新税制共设25个税种，即增值税、消费税、营业税、关税、企业所得税、外商投资企业和外国企业所得税、个人所得税、资源税、城镇土地使用税、城市维护建设税、耕地占用税、固定资产投资方向调节税、土地增值税、房产税、城市房地产税、遗产税、车船使用税、车船使用牌照税、印花税、契税、证券交易税、屠宰税、筵席税、农业税、牧业税。

后来，在分税制改革的基础上又进行了一系列改革，分别是取消屠宰税、筵席税、农业税、牧业税，实行燃油税费改革，内外资企业所得税并轨，停征固定资产投资方向调节税等，从而形成了今天的税制格局。

二　我国现行税制概览

我国现行税制包括以下5个类别18个税种，分别是：流转税类：包括增值税、消费税、营业税、关税；所得税类：包括企业所得税、个人所得税；资源税类：包括资源税、耕地占用税、城镇土地使用税、土地增值税；财产税类：包括房产税、契税等；行为税类：包括印花税、城市维护建设税。固定资产投资方向调节税停征。

（一）流转税类

流转税是对商品和非商品流转额征收的一类税。商品流转额是指商品在流转过程中所发生的货币金额。非商品流转额是指非商品营业额，是不从事商品生产和商品交换活动的单位和个人取得的业务或劳务收入金额，如从事交通运输、建筑安装、金融保险和服务业等。我国现行商品税制主要设置4个税种，包括增值税、消费税、营业税和关税。增值税对工业生产、商品流通领域的商品普遍征收，体现税收中性的原则。消费税选择部分消费品在征收增值税的基础上征收，体现国家的宏观消费政策。营业税对交通运输、建筑安装、金融保险、文化体育、娱乐业、服务业、转让无形资产和销售不动产等产业征收。关税对进出我国国境或关境的货物或物品征收。

1. 增值税

增值税的特点是只对销售额中的增值部分课税，克服了重复课税，具有征收上的广泛性和连续性。增值税的征收范围包括销售或者进口货物：提供加工、修理修配劳务。凡在中国境内销售货物或提供加工、修理修配劳务以及进口货物的单位和个人都是增值税纳税人。

一般纳税人的基本税率是17%、13%和0%。小规模纳税人销售货物或应税劳务的增值税税率为3%。

0%的主要是出口货物。不包括国家禁止出口的货物（如天然牛黄、麝香、铜和铜基合金等）和国家限制出口的部分货物（如矿砂及精矿、钢铁初级产品、原油、车用汽油、煤炭、原木、尿素产品、山羊绒、鳗鱼苗、某些援外货物等）。

13%的包括生活用品、农产业和文化用品。（1）农业产品。包括粮食、蔬菜、烟叶（不包括复烤烟叶）、茶叶（包括各种毛茶）、园艺植物、药用植物、油料植物、纤维植物、糖料植物、林业产品、其他植物、水产品、畜牧产品、动物皮张、动物毛绒和其他动物组织。（2）粮食复制品。包括切面、挂面、饺子皮、馄饨皮、面皮、米粉等。（3）食用植物油。包括芝麻油、花生油、豆油、菜籽油、葵花籽油、棉籽油、玉米胚油、茶油、胡麻油、核桃油和以上述油为原料生产的混合油。（4）自来水。（5）暖气、热气、热水、冷气。包括利用工业余热生产、回收的暖气、热气和热水。（6）煤气。包括焦炉煤气、发生炉煤气和液化煤气。（7）石油液化气。（8）天然气。包括气田天然气、油田天然气、煤田天然气和其他天然气。（9）沼气。包括天然沼气和人工生产的沼气。（10）居民用煤炭制品。包括煤球、煤饼、蜂窝煤和引火炭。（11）图书、报刊、音像制品、电子出版物。不包括邮政部门发行的报刊。（12）饲料。包括单一饲料、混合饲料和配合饲料。不包括直接用于动物饲养的粮食和饲料添加剂。（13）化肥。包括化学氮肥、磷肥、钾肥、复合肥料、微量元素肥和其他化肥。（14）农药。包括杀虫剂、杀菌剂、除草剂、植物生长调节剂、植物性农药、微生物农药、卫生用药和其他农药原药、农药制剂。（15）农业机械。包括拖拉机、土壤耕整机械、农田基本建设机械、种植机械、植物保护管理机械、收获机械、场上作业机械、排灌机械、农副产品加工机械、农业运输机械（不包括三轮农用运输车以外的农用汽车）、畜牧业机械、渔业机械（不包括机动渔船）、林业机械（不包括森林砍伐机械和集材机械)、小农具（不包括农业机械零部件)。(16）农用塑料薄膜。(17）食用盐。(18）二甲醚。

17%的是剩余的绝大部分工业品生产。(1）原油。包括天然原油和人造原油。(2）其他货物。即纳税人销售或者进口的除上述货物以外的其他货物。(3）加工、修理、修配劳务。

2. 消费税

消费税是国家为体现消费政策，对生产、委托加工和进口应税消费品的单位和个人征收的一种税。消费税纳税人是在中国境内生产、委托加工和进口应税消费品的单位和个人。税率包括比例税率和定额税率。比例税率从3%—45%共设14档税率，见表1－1。大部分应税消费品适用比例税率，黄酒、啤酒、汽油和柴油四种应税消费品适用定额税率。卷烟原来适用比例税率，后改为适用比例税率和定额税率。

表1－1　　最新消费税税目税率

税　目	税　率
一、烟	
1. 卷烟	
(1）甲类卷烟	56%加0.003元/支（生产环节）
(2）乙类卷烟	36%加0.003元/支（生产环节）
(3）批发环节	5%
2. 雪茄烟	36%
3. 烟丝	30%
二、酒及酒精	
1. 白酒	20%加0.5元/500克（或者500毫升）
2. 黄酒	240元/吨
3. 啤酒	
(1）甲类啤酒	250元/吨
(2）乙类啤酒	220元/吨
4. 其他酒	10%
5. 酒精	5%
三、化妆品	30%
四、贵重首饰及珠宝玉石	
1. 金银首饰、铂金首饰和钻石及钻石饰品	5%
2. 其他贵重首饰和珠宝玉石	10%

续表

税　目	税　率
五、鞭炮焰火	15%
六、成品油	
1. 汽油	
(1) 含铅汽油	1.40 元/升
(2) 无铅汽油	1.00 元/升
2. 柴油	0.80 元/升
3. 航空煤油	0.80 元/升
4. 石脑油	1.00 元/升
5. 溶剂油	1.00 元/升
6. 润滑油	1.00 元/升
7. 燃料油	0.80 元/升
七、汽车轮胎	3%
八、摩托车	
1. 气缸容量（排气量，下同）在 250 毫升（含 250 毫升）以下的	3%
2. 气缸容量在 250 毫升以上的	10%
九、小汽车	
1. 乘用车	
(1) 气缸容量（排气量，下同）在 1.0 升（含 1.0 升）以下的	1%
(2) 气缸容量在 1.0 升以上至 1.5 升（含 1.5 升）的	3%
(3) 气缸容量在 1.5 升以上至 2.0 升（含 2.0 升）的	5%
(4) 气缸容量在 2.0 升以上至 2.5 升（含 2.5 升）的	9%
(5) 气缸容量在 2.5 升以上至 3.0 升（含 3.0 升）的	12%
(6) 气缸容量在 3.0 升以上至 4.0 升（含 4.0 升）的	25%
(7) 气缸容量在 4.0 升以上的	40%
2. 中轻型商用客车	5%
十、高尔夫球及球具	10%
十一、高档手表	20%
十二、游艇	10%
十三、木制一次性筷子	5%
十四、实木地板	5%

3. 营业税

营业税是对在中国境内提供应税劳务、转让无形资产和销售不动产的单位和个人征收的一种税。征收范围包括以下三方面：

（1）销售应税劳务。包括：①交通运输业；②建筑业；③金融保险业；④邮电通信业；⑤文化体育业；⑥娱乐业；⑦服务业。

（2）转让无形资产。

（3）销售不动产。

在我国境内销售应税劳务、转让无形资产和销售不动产的单位和个人，为营业税纳税人。营业税采用比例税率（如表1－2所示）。

4. 关税

关税是对进出国境或关境的货物和物品征收的一种税。关税征税对象是进出我国国境或关境的货物或物品。关税是因为商品流通经过国境和关境而产生的税收。税目非常复杂，目前涵盖二十二大类。分别是：

表1－2　现行营业税税目税率

税目	征税范围	纳税人	税率	备注
交通运输业	包括陆路运输、水路运输、航空运输、管道运输和装卸搬运五大类	在中华人民共和国境内，提供《营业税暂行条例》规定的交通运输业劳务的单位和个人	3%	
建筑业	建筑安装工程作业等，包括建筑、安装、修缮、装饰和其他工程作业等项内容	在中华人民共和国境内，提供《营业税暂行条例》规定的建筑业劳务的单位和个人	3%	
金融保险业	经营金融、保险的业务，其中金融是指经营货币资金融通活动的业务，包括贷款、融资租赁、金融商品转让、金融经纪业和其他金融业务。保险是指将通过契约形式集中起来的资金，用以补偿保险人的经济利益的活动	在中华人民共和国境内，提供《营业税暂行条例》规定的金融保险业劳务的单位和个人	5%	农村信用社优惠税率为3%

续表

税目	征税范围	纳税人	税率	备注
邮电通信业	专门办理信息传递的业务，包括邮政、电信。其中邮政是指传递实物信息的业务，包括传递函件或包件（含快递业务）、邮汇、报刊发行、邮务物品销售、邮政储蓄及其他邮政业务。电信是指各种电传设备传输电信号而传递信息的业务，包括电报、电传、电话、电话机安装、电信物品销售及其他电信业务	在中华人民共和国境内，提供《营业税暂行条例》规定的邮电通信业劳务的单位和个人	3%	
文化体育业	经营文化、体育活动的业务，包括文化业和体育业。其中文化业是指经营文化活动的业务，包括表演、播映、经营游览场所和各种展览、培训活动，举办文学、艺术、科技讲座、报告会，图书馆的图书和资料的借阅业务等。体育业是指举办各种体育比赛和为体育活动提供场所的业务	在中华人民共和国境内，提供《营业税暂行条例》规定的文化体育业劳务的单位和个人	3%	
娱乐业	为娱乐活动提供场所和服务的业务。包括经营歌厅、舞厅、卡拉 OK 歌舞厅、音乐茶座、台球、高尔夫球、保龄球场、游艺场等娱乐场所，以及娱乐场所为顾客进行娱乐活动提供服务的业务	在中华人民共和国境内，提供《营业税暂行条例》规定的娱乐业劳务的单位和个人	5%—20%	江苏省高尔夫球适用 10% 税率，其他娱乐项目适用 5% 税率
服务业	利用设备、工具、场所、信息或技能为社会提供服务的业务。包括代理业、旅店业、饮食业、旅游业、仓储业、租赁业、广告业、其他服务业	在中华人民共和国境内，提供《营业税暂行条例》规定的服务业劳务的单位和个人	5%	高速公路收费优惠税率为3%

续表

税目	征税范围	纳税人	税率	备注
转让无形资产	转让无形资产的所有权或使用权的行为。包括转让土地使用权、转让商标权、转让专利权、转让非专利技术、转让著作权、转让商誉	在中华人民共和国境内，转让无形资产的单位和个人	5%	
销售不动产	有偿转让不动产所有权的行为。包括销售建筑物或构筑物、销售其他土地附着物	在中华人民共和国境内，销售不动产的单位和个人	5%	

第一类　活动物；动物产品。

第二类　植物产品。

第三类　动、植物油、脂及其分解产品；精制的食用油脂；动、植物蜡。

第四类　食品；饮料、酒及醋；烟草及烟草代用品的制品。

第五类　矿产品。

第六类　化学工业及其相关工业的产品。

第七类　塑料及其制品；橡胶及其制品。

第八类　生皮、皮革、毛皮及其制品；鞍具及挽具；旅行用品、手提包及类似容器；动物肠线（蚕胶丝除外）制品。

第九类　木及木制品；木炭；软木及软木制品；稻草、秸秆、针茅或其他编结材料制品；篮筐及柳条编结品。

第十类　木浆及其他纤维状纤维素浆；回收（废碎）纸或纸板；纸、纸板及其制品。

第十一类　纺织原料及纺织制品。

第十二类　鞋、帽、伞、杖、鞭及其零件；已加工的羽毛及其制品；人造花；人发制品。

第十三类　石料、石膏、水泥、石棉、云母及类似材料的制品；陶瓷产品；玻璃及其制品。

第十四类　天然或养殖珍珠、宝石或半宝石、贵金属、包贵金属及其制品；仿首饰；硬币。

第十五类　贱金属及其制品。

第十六类　机器、机械器具、电气设备及其零件；录音机及放声机、电视图像、声音的录制和重放设备及其零件、附件。

第十七类　车辆、航空器、船舶及有关运输设备。

第十八类　光学、照相、电影、计量、检验、医疗或外科用仪器及设备、精密仪器及设备；钟表；乐器；上述物品的零件、附件。

第十九类　武器、弹药及其零件、附件。

第二十类　杂项制品。

第二十一类　艺术品、收藏品及古物。

第二十二类　特殊交易品及未分类商品。

每个类下面又分若干子类，例如第五类矿产品下面又分三类，分别是：

(1) 硫黄；泥土及石料；石膏料、石灰及水泥。

(2) 砂、矿渣及矿灰。

(3) 矿物燃料、矿物油及其蒸馏产品；沥青物质；矿物蜡。

子类（3）（矿物燃料、矿物油及其蒸馏产品；沥青物质；矿物蜡）的关税税率如表 1－3 所示。

表 1－3　矿物燃料、矿物油及其蒸馏产品；沥青物质；矿物蜡关税税率

税则号列	货品名称	税率（%）
27011100	无烟煤	3
27011210	炼焦烟煤	3
27011290	其他烟煤	6
27011900	其他煤	6
27012000	煤砖、煤球及类似用煤制固体燃料	5
27021000	褐煤	3
27022000	制成型的褐煤	3
27030000	泥煤（包括肥料用泥煤）	5
27040010	煤制焦炭及半焦炭（不论是否成型）	5
27040090	甑炭	5

续表

税则号列	货品名称	税率（%）
27050000	煤气、水煤气、炉煤气及类似气体	5
27060000	矿物焦油	6
27071000	粗苯	6
27072000	粗甲苯	6
27073000	粗二甲苯	6
27074000	萘	8
27075000	其他芳烃混合物	8
27076000	酚	8
27079100	杂酚油	8
27079900	蒸馏煤焦油所得的其他产品	8
27081000	沥青	8
27082000	沥青焦	6
27100011	车用汽油及航空汽油	9
27100012	汽油型喷汽燃料	9
27100013	石脑油	6
27100014	松香水	6
27100019	其他轻油	12
27100021	煤油	9
27100022	正构烷烃	6
27100031	轻柴油	6
27100032	重柴油	6
27100040	其他燃料油	6
27100051	石蜡油	9
27100052	润滑油脂	9
27100059	其他重油及其制品	12
27111100	液化天然气	6
27111200	液化丙烷	6
27111310	直接灌注香烟打火机等用液化丁烷	12

续表

税则号列	货品名称	税率（%）
27111390	其他液化丁烷	6
27111400	液化的乙烯、丙烯、丁烯及丁二烯	6
27111910	其他直接灌注打火机等用液化燃料	12
27111990	其他液化石油气及烃类气	96
27112100	气态天然气	6
27112900	其他气态石油气及烃类气	6
27121000	凡士林	9
27122000	石蜡（不论是否着色）	9
27129000	其他矿物蜡（不论是否着色）	9
27131100	未煅烧石油焦	3
27131200	已煅烧石油焦	3
27132000	石油沥青	8
27139000	其他石油等矿物油类的残渣	8
27141000	沥青页岩、油页岩及焦油砂	6
27149010	天然沥青（地沥青）	8
27149020	乳化沥青	3
27149090	沥青岩	6
27150000	天然沥青等为基本成分的沥青混合物	9
27160000	电力	3

（二）所得税类

所得税分为企业所得税和个人所得税两个税种，前者适用比例税率，后者适用超额累进税率。

1. 企业所得税

企业所得税是对我国境内企业（外商投资企业除外）的生产经营所得和其他所得征收的一种税。实行独立经济核算的企业或组织，为企业所得税纳税人。课税对象为纳税人的生产经营所得和其他所得。企业所得税的基本税率为25%，低税率为20%，实际执行10%税率。居民企业中符合条件的小型微利企业减按20%税率征税；国家重点扶持的高新技术企业减按15%税率征税如表1－4所示。

表 1-4　　　　现行企业所得税税率

<table>
<tr><th colspan="3">纳税人</th><th>税收管辖权</th><th>征税对象</th><th>税率</th></tr>
<tr><td colspan="3">居民企业</td><td>居民管辖权，就其世界范围所得征税</td><td rowspan="2">居民企业、非居民企业在华机构的生产经营所得和其他所得（包括非居民企业发生在中国境外但与其所设机构、场所有实际联系的所得）</td><td rowspan="2">基本税率 25%</td></tr>
<tr><td rowspan="3">非居民企业</td><td rowspan="2">在我国境内设立机构、场所</td><td>取得所得与设立机构、场所有联系的</td><td rowspan="3">地域管辖权</td></tr>
<tr><td>取得所得与设立机构、场所没有实际联系的</td><td rowspan="2">来源于我国的所得</td><td rowspan="2">低税率 20%（实际减按 10% 的税率征收）</td></tr>
<tr><td colspan="2">未在我国境内设立机构场所，却有来源于我国的所得</td></tr>
<tr><td colspan="6">居民企业中符合条件的小型微利企业减按 20%；国家重点扶持的高新技术企业减按 15% 税率征税</td></tr>
</table>

2. 个人所得税

个人所得税是对我国居民的境内外所得和非居民来源于我国的个人所得征收的一种税。

个人所得税采用分项税制。税法列举了 11 项应税所得项目，分别是：

（1）工资、薪金所得。

（2）个体工商户的生产、经营所得。

（3）对企事业单位的承包经营、承租经营所得。

（4）劳务报酬所得。

（5）稿酬所得。

（6）特许权使用费所得。

（7）利息、股息、红利所得。

（8）财产租赁所得。

（9）财产转让所得。

（10）偶然所得。

（11）经国务院财政部门确定征税的其他所得。

在税率设计上，工资、薪金所得适用七级超额累进税率；个体工商户的生产、经营所得和对企事业单位的承包经营、承租经营的所得，适用五级超额累进税率；劳务报酬所得，稿酬所得，特许权使用费所得，利息、股息、红利所得，财产租赁所得，财产转让所得和偶然所得适用 20% 比例税率。如表 1－5 所示。

表 1－5　　　　我国现行个人所得税税率

工资、薪金所得适用个人所得税累进税率表			
级数	全月应纳税所得额		税率（%）
	含税级距	不含税级距	
1	不超过 1500 元的	不超过 1455 元的	3
2	超过 1500 元至 4500 元的部分	超过 1455 元至 4155 元的部分	10
3	超过 4500 元至 9000 元的部分	超过 4155 元至 7755 元的部分	20
4	超过 9000 元至 35000 元的部分	超过 7755 元至 27255 元的部分	25
5	超过 35000 元至 55000 元的部分	超过 27255 元至 41255 元的部分	30
6	超过 55000 元至 80000 元的部分	超过 41255 元至 57505 元的部分	35
7	超过 80000 元的部分	超过 57505 元的部分	45
个体工商户的生产、经营所得和对企事业单位的承包经营、承租经营所得适用			
级数	全年应纳税所得额		税率（%）
	含税级距	不含税级距	
1	不超过 15000 元的	不超过 14250 元的	5
2	超过 15000 元至 30000 元的部分	超过 14250 元至 27750 元的部分	10
3	超过 30000 元至 60000 元的部分	超过 27750 元至 51750 元的部分	20
4	超过 60000 元至 100000 元的部分	超过 51750 元至 79750 元的部分	30
5	超过 100000 元的部分	超过 79750 元的部分	35
劳务报酬所得个人所得税税率表			
级数	含税级距	不含税级距	税率（%）
1	不超过 20000 元的	不超过 16000 元的	20
2	超过 20000 元到 50000 元的部分	超过 16000 元至 37000 元的部分	30
3	超过 50000 元的部分	超过 37000 元的部分	40

劳动报酬所得、稿酬所得、特许权使用费所得、财产租赁所得每次收入不超过 4000 元的，减除费用 800 元；4000 元以上的，减除 20% 的费用，然后就其余额按比例税率 20% 征收。对劳动报酬所得一次收入畸高的，实行加成征收，即应纳税所得额超过 2 万元到 5 万元的部分，加征五成（税率为 30%），超过 5 万元的部分加征十成（税率为 40%）。

财产转让所得，适用减除财产原值和合理费用后的余额，按比例税率20%征收。

（三）资源税类

1. 资源税

资源税是对在我国境内开采矿产和生产盐资源的单位和个人取得的级差收入征税。纳税人为在我国境内开采矿产和生产盐资源的单位和个人。现行资源税税率采用定额税率，简称为税额或单位税额。资源税税目及税率如表1－6所示。

表1－6　现行资源税税率

税目		税率
原油		销售额的5%—10%
天然气		销售额的5%—10%
煤炭	焦煤	每吨8—20元
	其他煤炭	每吨0.3—5元
其他非金属矿原矿	普通非金属矿原矿	每吨或者每立方米0.5—20元
	贵重非金属矿原矿	每千克或者每克拉0.5—20元
黑色金属矿原矿		每吨2—30元
有色金属矿原矿	稀土矿	每吨0.4—60元
	其他有色金属矿原矿	每吨0.4—30元
盐	固体盐	每吨10—60元
	液体盐	每吨2—10元

2. 城镇土地使用税

城镇土地使用税是对在城市、县城占用国家和集体土地的单位和个人，按使用土地面积定额征收的一种税。主要目的是调节资源的级差收入。在城市、县城、建制镇、工矿区内开征。纳税人是在城市、县城、建制镇、工矿区使用土地的单位和个人。城镇土地使用税采用定额税率，即采用有幅度的差别税额，按大、中、小城市和县城、建制镇、工矿区分别规定每平方米土地使用税年应纳税额。具体标准如下：

（1）大城市1.5元至30元；

（2）中等城市1.2元至24元；

（3）小城市0.9元至18元；

（4）县城、建制镇、工矿区0.6元至12元。

大、中、小城市以公安部门登记在册的非农业正式户口人数为依据，按照国务院颁布的《城市规划条例》中规定的标准划分。人口在50万人以上者为大城市；人口在20万至50万人之间者为中等城市；人口在20万人以下者为小城市。城镇土地使用税税率见表1－7。

表1－7　城镇土地使用税税率

级别	人口（人）	每平方米税额（元）
大城市	50万以上	1.5—30
中等城市	20万—50万	1.2—24
小城市	20万以下	0.9—18
县城、建制镇、工矿区		0.6—12

各省、自治区、直辖市人民政府可根据市政建设情况和经济繁荣程度在规定税额幅度内，确定所辖地区的适用税额幅度。经济落后地区，土地使用税的适用税额标准可适当降低，但降低额不得超过上述规定最低税额的30%。经济发达地区的适用税额标准可以适当提高，但须报财政部批准。

3. 耕地占用税

耕地占用税是在全国范围内，对占用农用耕地建房或者从事其他非农业建设的单位和个人征收的一种税。纳税人为占用农用耕地建房或者从事其他非农业建设的单位和个人。在税率规定上，以县为单位，按人均占用耕地的多少，规定幅度差别税额。按照《中华人民共和国耕地占用税暂行条例》（国务院令第511号）具体如下：

（1）人均耕地不超过1亩的地区（以县级行政区域为单位，下同），每平方米为10元至50元。

（2）人均耕地超过1亩但不超过2亩的地区，每平方米为8元至40元。

（3）人均耕地超过2亩但不超过3亩的地区，每平方米为6元至30元。

（4）人均耕地超过3亩的地区，每平方米为5元至25元。

为协调政策，避免毗邻地区征收税额过于悬殊，国务院财政、税务主管部门根据人均耕地面积和经济发展情况确定各省、自治区、直辖市每平方米的平均税额（见表1－8）。[1]

表1－8　耕地占用税平均税额

地区	每平方米平均税额（元）
上海	45
北京	40
天津	35
江苏、浙江、福建、广东	30
辽宁、湖北、湖南	25
河北、安徽、江西、山东、河南、重庆、四川	22.5
广西、海南、贵州、云南、山西	20
山西、吉林、黑龙江	17.5
内蒙古、西藏、甘肃、青海、宁夏、新疆	12.5

在征收管理上，耕地占用税要求预缴税款用地单位或个人，在进行非农业建设申报用地前，必须落实耕地占用税的资金来源；审批用地时，土地管理部门根据用地计划及征收机关开具的预缴税款凭证、验资证明或免税证明，办理用地手续；征收机关依据土地管理部门批准的实际用地数，与纳税人办理纳税手续，对预缴的税款，实行多退少补。

4. 土地增值税

土地增值税纳税人为有偿转让国有土地使用权、地上建筑物及其附着物，并取得收入的单位和个人。征收范围包括转让国有土地使用权的、地上建筑物及其附着物的产权连同国有土地使用权一并转让的。土地增值税实行四级超率累进税率（见表1－9）。

① 免征耕地占用税的两种情形是：（1）军事设施占用耕地；（2）学校、幼儿园、养老院、医院占用耕地。减征耕地占用税的情形是：（1）铁路线路、公路线路、飞机场跑道、停机坪、港口、航道占用耕地，减按每平方米2元的税额征收耕地占用税。根据实际需要，国务院财政、税务主管部门商国务院有关部门并报国务院批准后，可以对前款规定的情形免征或者减征耕地占用税。（2）农村居民占用耕地新建住宅，按照当地适用税额减半征收耕地占用税。农村烈士家属、残疾军人、鳏寡孤独以及革命老根据地、少数民族聚居区和边远贫困山区生活困难的农村居民，在规定用地标准以内新建住宅缴纳耕地占用税确有困难的，经所在地乡（镇）人民政府审核，报经县级人民政府批准后，可以免征或者减征耕地占用税。

表 1-9　　2014 年土地增值税税率

档次	级距	税率	税额计算公式	说明
1	增值额未超过扣除项目金额50%的部分	30%	增值额 30%	扣除项目指取得土地使用权所支付的金额；开发土地的成本、费用；新建房及配套设施的成本、费用或旧房及建筑物的评估价格；与转让房地产有关的税金；财政部规定的其他扣除项目
2	增值额超过扣除项目金额50%，未超过100%的部分	40%	增值额 40% - 扣除项目金额 5%	
3	增值额超过扣除项目金额100%，未超过200%的部分	50%	增值额 50% - 扣除项目金额 15%	
4	增值额超过扣除项目金额200%的部分	60%	增值额 60% - 扣除项目金额 35%	

（四）财产税类

财产税是以纳税人所有或属其支配的财产为课税对象的一类税收。它以财产为课税对象，向财产的所有者征收。财产包括一切积累的劳动产品（生产资料和生活资料）、自然资源（如土地、矿藏、森林等）和各种科学技术、发明创作的特许权等，国家可以选择某些财产予以课税。对各种财产课征的税，按一般税收分类方法，统称为财产税。按物质形态可分为：

①不动产税。指土地和土地上的改良物，如附着于土地上的工矿企业、商店、住宅等。

②动产税。包括有形资产和无形资产。前者如耐用消费品、家具、车辆等，后者如股票、公债、借据、现金和银行存款等。

1. *房产税*

房产税是以房屋为课税对象，以房产的价值或租金收入为计税依据征收的一种税。纳税人为城市、县城、建制镇、工矿区的房屋产权所有人。依照房产余值计算缴纳的，税率为 1.2%；依照房产租金收入计算缴纳的，税率为 12%。

2. *契税*

契税是在中国境内转移土地、房屋权属，就当事人所订契约，向产权承受人征收的一种税。纳税人是在中国境内转移土地、房屋权属，承受的单位和个人。在税率设计上，契税采用幅度比例税率。目前，我国采用 3%—5% 的幅度比例，这是国家定下的政策，各省、自治区、直辖市，在这个范围内可以自行确定各自的适用税率。

3. 车船税

车船税是对在我国境内拥有并使用车船的单位和个人征收的一种税。车船税的纳税人是在中华人民共和国境内，车辆、船舶（以下简称车船）的所有人或者管理人。征税对象是依法应在公安、交通、农业等车船管理部门登记的车船，具体有乘用车、商用车、挂车、其他车辆、摩托车和船舶六大类。车辆的具体适用税额是由各省、自治区、直辖市人民政府依照车船税法所附的《车船税税目税额表》规定的税额幅度和国务院的规定确定。

根据2011年12月31日北京市政府颁布的《北京市实施〈中华人民共和国车船税法〉办法》，乘用车年基准税额从300元到5280元，共分为7档，排量越小税额越少。同时，北京市实施交通管理限行措施期间，乘用车辆按年减征两个月应纳税款。具体标准如下：

1.0升（含）以下排量的，年基准税额维持300元（减征后为250元）；

1.0升至1.6升（含）排量的，年基准税额下调到420元（减征后为350元）；

1.6升至2.0升（含）排量的，年基准税额维持480元（减征后为400元）；

2.0升至2.5升（含）排量的，年基准税额提高到900元（减征后为750元）；

2.5升至3.0升（含）排量的，年基准税额提高到1920元（减征后为1600元）；

3.0升至4.0升（含）排量的，年基准税额提高到3480元（减征后为2900元）；

4.0升以上排量的，年基准税额提高到5280元（减征后为4400元）。

4. 城市房地产税

城市房地产税的纳税义务人是在中国境内拥有房屋产权的外国侨民、外国企业和外商投资企业。城市房地产税的计税依据和税率有两种，划分的标准是房产是否出租。2008年12月31日，国务院总理温家宝签署第546号国务院令宣布《城市房地产税暂行条例》自2009年1月1日起废止。自2009年1月1日起，纳税人依照《房产税暂行条例》缴纳房产税。

（五）行为税

行为税是以纳税人的某种特定行为作为课税对象的一类税。

1. 印花税

印花税是对经济活动和经济交往中书立、领受应税经济凭证所征收的一种税。中华人民共和国境内书立、领受应税经济凭证的单位和个人，都是印花税的纳税义务人。

现行印花税只对印花税条例列举的凭证征税，具体有五类：

（1）购销、加工承揽、建设工程勘查设计、建设工程承包、财产租赁、货物运输、仓储保管、借款、财产保险、技术合同或者具有合同性质的凭证。

（2）产权转移书据。

（3）营业账簿。

（4）房屋产权证、工商营业执照、商标注册证、专利证、土地使用证、许可证照。

（5）经财政部确定征税的其他凭证。

表 1-10　　印花税税率

<table>
<tr><th>税目</th><th>比例税率</th><th>税目</th><th>比例税率</th></tr>
<tr><td>1. 财产租赁合同</td><td>1‰</td><td>9. 建筑安装工程承包合同</td><td>0.3‰</td></tr>
<tr><td>2. 仓储保管合同</td><td>1‰</td><td>10. 技术合同</td><td>0.3‰</td></tr>
<tr><td>3. 加工承揽合同</td><td>0.5‰</td><td>11. 借款合同</td><td>0.05‰</td></tr>
<tr><td>4. 建设工程勘察设计合同</td><td>0.5‰</td><td>12. 财产保险合同</td><td>0.1‰</td></tr>
<tr><td>5. 货物运输合同</td><td>0.5‰</td><td>税目</td><td>定额税率</td></tr>
<tr><td>6. 产权转移书据</td><td>0.5‰</td><td>1. 权利许可证照</td><td>5元</td></tr>
<tr><td>7. 营业账簿中记载资金的账簿</td><td>0.5‰</td><td>2. 营业账簿中的其他账簿</td><td>5元</td></tr>
<tr><td>8. 购销合同</td><td>0.3‰</td><td></td><td></td></tr>
</table>

2. 城市维护建设税

城市维护建设税是以纳税人实际缴纳的增值税、消费税、营业税税额为计税依据，分别与三税同时缴纳的一种税。城市维护建设税实行差别比例税率，按照纳税人所在地的不同，税率分为三个档次，如表 1-11 所示。

表 1－11　城市维护建设税税率

适用范围	税率	计税依据
市区	7%	实际缴纳的增值税、消费税、营业税税额
县城或镇	5%	实际缴纳的增值税、消费税、营业税税额
不在市区、县城或镇	1%	实际缴纳的增值税、消费税、营业税税额

三　非税收入与收入结构概览

除税收外，广义口径的政府收入还包括各种费、金等非税收入。目前为止，中国政府收入分别进入公共财政预算、国有资本经营预算、政府性基金预算和社会保障基金预算。税收收入是公共财政预算收入的主体。

表 1－12　2013 年全国公共财政收入决算　单位：亿元

项　目	决算数
一、税收收入	110530.7
国内增值税	28810.13
国内消费税	8231.32
进口货物增值税、消费税	14004.56
出口货物退增值税、消费税	－10518.85
营业税	17233.02
企业所得税	22427.2
个人所得税	6531.53
资源税	1005.65
城市维护建设税	3419.9
房产税	1581.5
印花税	1244.36
其中：证券交易印花税	469.65
城镇土地使用税	1718.77
土地增值税	3293.91

续表

项　　目	决算数
车船税	473.96
船舶吨税	43.55
车辆购置税	2596.34
关税	2630.61
耕地占用税	1808.23
契税	3844.02
烟叶税	150.26
其他税收	0.73
二、非税收入	18678.94
专项收入	3528.61
行政事业性收费	4775.83
罚没收入	1658.77
其他收入	8715.73
全国公共财政收入	129209.64

2013年，在公共财政收入中，税收收入为110530.7亿元，非税收入为18678.94亿元。但是相对于快速膨胀的政府性基金而言，非税收入的重要性不可忽视。2013年全国共有政府性基金至少45项（最后一项为其他政府性基金收入），总收入为52268.75亿元，其中规模最大的是国有土地使用权出让金收入39142.03亿元，约占政府性基金收入总和的75%，其余全部政府性基金收入规模仅约为土地出让收入的1/3。最小的15项基金，规模都不到50亿元，总规模为278.42亿元。除了极少数收费具有使用者付费性质外，很多基本属于间接税性质，可以与现有的税制简并。一般来说，一个基金就有一副架子、一套班子、一批人马，造成极大的公共资源浪费。

表1－13　　2013年全国政府性基金收入决算　　单位：亿元

项　　目	决算数
一、农网还贷资金收入	151.1
二、山西省煤炭可持续发展基金收入	193.62

续表

项　　目	决算数
三、铁路建设基金收入	625.8
四、民航发展基金收入	252.63
五、海南省高等级公路车辆通行附加费收入	15.23
六、转让政府还贷道路收费权收入	22.47
七、港口建设费收入	189.92
八、散装水泥专项资金收入	16.8
九、新型墙体材料专项基金收入	90.28
十、旅游发展基金收入	8.27
十一、文化事业建设费收入	109.08
十二、地方教育附加收入	1058.78
十三、国家电影事业发展专项资金收入	10.94
十四、新菜地开发建设基金收入	8.83
十五、新增建设用地土地有偿使用费收入	1002.36
十六、育林基金收入	36.28
十七、森林植被恢复费收入	90.42
十八、水利建设基金收入	443.64
十九、南水北调工程基金收入	55.42
二十、残疾人就业保障金收入	248.75
二十一、政府住房基金收入	324.72
二十二、城市公用事业附加收入	255.15
二十三、国有土地使用权出让金收入	39142.03
二十四、国有土地收益基金收入	1259.67
二十五、农业土地开发资金收入	234.3
二十六、大中型水库移民后期扶持基金收入	241.65
二十七、大中型水库库区基金收入	39.51
二十八、三峡水库库区基金收入	6.6
二十九、中央特别国债经营基金财务收入	839.95
三十、彩票公益金收入	861.28
三十一、城市基础设施配套费收入	1251.38
三十二、小型水库移民扶助基金收入	14.53
三十三、国家重大水利工程建设基金收入	321.15

续表

项　　目	决算数
三十四、车辆通行费收入	1408.77
三十五、船舶港务费收入	51.71
三十六、长江口航道维护收入	5.69
三十七、核电站乏燃料处理处置基金收入	26.5
三十八、可再生能源电价附加收入	297.98
三十九、船舶油污损害赔偿基金收入	1.05
四十、铁路资产变现收入	—
四十一、电力改革预留资产变现收入	—
四十二、无线电频率占用费收入	37.62
四十三、废弃电器电子产品处理基金收入	28.1
四十四、烟草企业上缴专项收入	400
四十五、其他政府性基金收入	588.79
全国政府性基金收入	52268.75

四　政府支出制度概览

（一）政府支出分类

中国的政府支出规则较少。近年来伴随着财政公共化改革，民生支出不断增加，经济建设支出比重下降，用于企业的补贴资金和税收优惠比重都在迅速下降。2014 年财政支出的基本科目的经济分类如表 1 - 14 所示。

表 1 - 14　　2014 年支出经济分类科目

科目编码		科目	说　明
类	款		
301		工资福利支出	反映单位开支的在职职工和编制外长期聘用人员的各类劳动报酬，以及为上述人员缴纳的各项社会保险费等

续表

科目编码		科目	说　明
类	款		
301	01	基本工资	反映按规定发放的基本工资，包括公务员的职务工资、级别工资；机关工人的岗位工资、技术等级工资；事业单位工作人员的岗位工资、薪级工资；各类学校毕业生试用期（见习期）工资、新参加工作工人学徒期、熟练期工资；军队（武警）军官、文职干部的职务（专业技术等级）工资、军衔（级别）工资、基础工资和军龄工资；军队士官的军衔等级工资、基础工资和军龄工资等
	02	津贴补贴	反映经国家批准建立的机关事业单位艰苦边远地区津贴、机关工作人员地区附加津贴、机关工作人员岗位津贴、事业单位工作人员特殊岗位津贴补贴
	03	奖金	反映机关工作人员年终一次性奖金
	04	社会保障缴费	反映单位为职工缴纳的基本养老、基本医疗、失业、工伤、生育等社会保险费，残疾人就业保障金，军队（含武警）为军人缴纳的伤亡、退役医疗等社会保险费
	05	伙食费	反映军队、武警义务兵、供给制学员伙食费和干部、士官灶差补助等支出
	06	伙食补助费	反映单位发给职工的伙食补助费，如午餐补助等
	07	绩效工资	反映事业单位工作人员的绩效工资
	99	其他工资福利支出	反映上述项目未包括的人员支出，如各种加班工资、病假两个月以上期间的人员工资、编制外长期聘用人员，公务员及参照和依照公务员制度管理的单位工作人员转入企业工作并按规定参加企业职工基本养老保险后给予的一次性补贴等
302		商品和服务支出	反映单位购买商品和服务的支出（不包括用于购置固定资产的支出、战略性和应急储备支出，但军事方面的耐用消费品和设备的购置费、军事性建设费以及军事建筑物的购置费等在本科目中反映）
	01	办公费	反映单位购买按财务会计制度规定不符合固定资产确认标准的日常办公用品、书报杂志等支出
	02	印刷费	反映单位的印刷费支出
	03	咨询费	反映单位咨询方面的支出

续表

科目编码		科目	说　明
类	款		
302	04	手续费	反映单位支付的各类手续费支出
	05	水费	反映单位支付的水费、污水处理费等支出
	06	电费	反映单位的电费支出
	07	邮电费	反映单位开支的信函、包裹、货物等物品的邮寄费及电话费、电报费、传真费、网络通信费等
	08	取暖费	反映单位取暖用燃料费、热力费、炉具购置费、锅炉临时工的工资、节煤奖以及由单位支付的在职职工和离退休人员宿舍取暖费等
	09	物业管理费	反映单位开支的办公用房、职工及离退休人员宿舍等的物业管理费，包括综合治理、绿化、卫生等方面的支出
	11	差旅费	反映单位工作人员出差的住宿费、旅费、伙食补助费、杂费，干部及大中专学生调遣费，调干部家属旅费补助等
	12	因公出国（境）费用	反映单位工作人员公务出国（境）的住宿费、旅费、伙食补助费、杂费、培训费等支出
	13	维修（护）费	反映单位日常开支的固定资产（不包括车船等交通工具）修理和维护费用，网络信息系统运行与维护费用，以及按规定提取的修购基金
	14	租赁费	反映租赁办公用房、宿舍、专用通讯网以及其他设备等方面的费用
	15	会议费	反映会议中按规定开支的房租费、伙食补助费以及文件资料的印刷费、会议场地租用费等
	16	培训费	反映各类培训支出。按标准提取的“职工教育经费”也在本科目中反映
	17	公务接待费	反映单位按规定开支的各类公务接待（含外宾接待）费用
	18	专用材料费	反映单位购买日常专用材料的支出。具体包括药品及医疗耗材，农用材料，兽医用品，实验室用品，专用服装，消耗性体育用品，专用工具和仪器，艺术部门专用材料和用品，广播电视台发射台发射机的电力、材料等方面的支出
	19	装备购置费	反映军队（含武警）购置装备的支出
	20	工程建设费	反映军队（含武警）工程建设方面的支出

续表

科目编码		科目	说　明
类	款		
302	21	作战费	反映军队（含武警）作战、防卫方面的支出
	22	军用油料费	反映军队（含武警）军事装备的油料费支出
	23	军队其他运行维护费	反映军队（含武警）的其他运行维护费
	24	被装购置费	反映法院、检察院、政府各部门以及军队（含武警）的被装购置支出
	25	专用燃料费	反映用作业务工作设备的车、船设施等的油料支出
	26	劳务费	反映支付给单位和个人的劳务费用，如临时聘用人员、钟点工工资，稿费、翻译费，评审费等
	27	委托业务费	反映因委托外单位办理业务而支付的委托业务费
	28	工会经费	反映单位按规定提取的工会经费
	29	福利费	反映单位按规定提取的福利费
	31	公务用车运行维护费	反映公务用车租用费、燃料费、维修费、过桥过路费、保险费、安全奖励费用等支出
	39	其他交通费用	反映单位除公务用车运行维护费以外的其他交通费用。如飞机、船舶等的燃料费、维修费、过桥过路费、保险费、出租车费用等
	40	税金及附加费用	反映单位提供劳务或销售产品应负担的税金及附加费用。包括营业税、消费税、城市维护建设税、资源税和教育费附加等
	99	其他商品和服务支出	反映上述科目未包括的日常公用支出。如行政赔偿费和诉讼费、国内组织的会员费、来访费、广告宣传、其他劳务费及离休人员特需费、公用经费等
303		对个人和家庭的补助	反映政府用于对个人和家庭的补助支出
	01	离休费	反映行政事业单位和军队移交政府安置的离休人员的离休费、护理费和其他补贴
	02	退休费	反映行政事业单位和军队移交政府安置的退休人员的退休费和其他补贴
	03	退职（役）费	反映行政事业单位退职人员的生活补贴，一次性支付给职工或军官、军队无军籍退职职工、运动员的退职补助，一次性支付给军官、文职干部、士官、义务兵的退役费，按月支付给自主择业的军队转业干部的退役金

续表

科目编码		科目	说明
类	款		
303	04	抚恤金	反映按规定开支的烈士遗属、牺牲病故人员遗属的一次性和定期抚恤金，伤残人员的抚恤金，离退休人员等其他人员的各项抚恤金
	05	生活补助	反映按规定开支的优抚对象定期定量生活补助费，退役军人生活补助费，行政事业单位职工和遗属生活补助，因公负伤等住院治疗、住疗养院期间的伙食补助费，长期赡养人员补助费，由于国家实行退耕还林禁牧舍饲政策补偿给农牧民的现金、粮食支出，对农村党员、复员军人以及村干部的补助支出，看守人员和犯人的伙食费、药费等
	06	救济费	反映按规定开支的城乡贫困人员、灾民、归侨、外侨及其他人员的生活救济费，包括城市居民的最低生活保障费，随同资源枯竭矿山破产但未参加养老保险统筹的矿山所属集体企业退休人员按最低生活保障标准发放的生活费，农村五保供养对象、贫困户、麻风病人的生活救济费，裁减退职老弱残职工救济费，福利、救助机构发生的收养费以及救助支出等。实物形式的救济也在此科目反映
	07	医疗费	反映行政事业单位在职职工、离退休人员的医疗费，军队移交政府安置的离退休人员的医疗费，学生医疗费，优抚对象医疗补助，以及按国家规定资助农民参加新型农村合作医疗和城镇居民参加城镇居民基本医疗保险的支出和对城乡贫困家庭的医疗救助支出
	08	助学金	反映各类学校学生助学金、奖学金、学生贷款、出国留学（实习）人员生活费，青少年业余体校学员伙食补助费和生活费补贴，按照协议由我方负担或享受我方奖学金的来华留学生、进修生生活费等
	09	奖励金	反映政府各部门的奖励支出，如对个体私营经济的奖励、计划生育目标责任奖励、独生子女父母奖励等
	10	生产补贴	反映各种对个人发放的生产补贴支出，如国家对农民发放的农机具购置补贴、良种补贴、粮食直补以及发放给残疾人的各种生产经营补贴等

续表

科目编码		科目	说　明
类	款		
303	11	住房公积金	反映行政事业单位按人事部和财政部规定的基本工资和津贴补贴以及规定比例为职工缴纳的住房公积金
	12	提租补贴	反映按房改政策规定的标准，行政事业单位向职工（含离退休人员）发放的租金补贴
	13	购房补贴	反映按房改政策规定，行政事业单位向符合条件职工（含离退休人员）、军队（含武警）向转役复员离退休人员发放的用于购买住房的补贴
	99	其他对个人和家庭的补助支出	反映未包括在上述科目的对个人和家庭的补助支出，如婴幼儿补贴、职工探亲旅费、退职人员及随行家属路费、符合条件的退役回乡义务兵一次性建房补助、符合安置条件的城镇退役士兵自谋职业的一次性经济补助费、对农户的生产经营补贴等
304	对企事业单位的补贴		反映政府对各类企业、事业单位及民间非营利组织的补贴
	01	企业政策性补贴	反映对企业的政策性补贴
	02	事业单位补贴	反映对事业单位的补贴支出
	03	财政贴息	反映国家财政对国家重点支持的企业和项目给予的贷款利息补助
	04	国有资本经营预算费用性支出	反映用国有资本经营预算弥补国有企业改革成本等方面的费用性支出
	99	其他对企事业单位的补贴支出	反映除上述项目以外其他对企事业单位的补贴支出
305		转移性支出	反映政府的转移性支出
	01	不同级政府间转移性支出	反映不同级政府间的转移性支出
	02	同级政府间转移性支出	反映同级政府间的转移性支出
306	赠与		反映对国内、外政府、组织等提供的援助、捐赠以及交纳国际组织会费等方面的支出
	01	对国内的赠与	反映对国内组织、政府等提供的捐赠支出

续表

科目编码		科目	说明
类	款		
306	02	对国外的赠与	反映对国际组织、国外政府等提供的双边援助，交纳的会费以及有关捐赠方面的支出
307		债务利息支出	反映政府和单位的债务利息支出
	01	国内债务付息	反映当年用于偿还国内债务利息的支出
	02	向国家银行借款付息	反映向国家银行借款的付息支出
	03	其他国内借款付息	反映向其他国内借款的付息支出
	04	向外国政府借款付息	反映当年用于偿还向外国政府借款的利息支出
	05	向国际组织借款付息	反映当年用于偿还向国际组织借款的利息支出
	06	其他国外借款付息	反映当年用于偿还其他国外借款的利息支出
308		债务还本支出	反映政府和单位归还各类借款本金方面的支出。债务利息列入“债务利息支出”，不在此科目反映
	01	国内债务还本	反映归还各类国内借款本金方面的支出
	02	国外债务还本	反映归还各类国外借款本金方面的支出
309		基本建设支出	反映各级发展与改革部门集中安排的一般预算财政拨款（不包括政府性基金、预算外资金以及各类拼盘自筹资金等）用于购置固定资产、战略性和应急性储备、土地和无形资产，以及购建基础设施、大型修缮所发生的支出
	01	房屋建筑物购建	反映用于购买、自行建造办公用房、仓库、职工生活用房、教学科研用房、学生宿舍、食堂等建筑物（含附属设施，如电梯、通信线路、水气管道等）的支出
	02	办公设备购置★	反映用于购置并按财务会计制度规定纳入固定资产核算范围的办公家具和办公设备的支出，以及按规定提取的修购基金
	03	专用设备购置★	反映用于购置具有专门用途，并按财务会计制度规定纳入固定资产核算范围的各类专用设备的支出。如通信设备、发电设备、交通监控设备、卫星转发器、气象设备、进出口监管设备等，以及按规定提取的修购基金

续表

科目编码		科目	说　明
类	款		
309	05	基础设施建设	反映用于农田设施、道路、铁路、桥梁、水坝和机场、车站、码头等公共基础设施建设方面的支出
	06	大型修缮	反映按财务会计制度规定允许资本化的各类设备、建筑物、公共基础设施等大型修缮的支出
	07	信息网络及软件购置更新	反映政府用于信息网络方面的支出。如计算机硬件、软件购置、开发、应用支出等，如果购建的计算机硬件、软件等不符合财务会计制度规定的固定资产确认标准的，不在此科目反映
	08	物资储备	反映政府、军队为应付战争、自然灾害或意料不到的突发事件而提前购置的具有特殊重要性的军事用品、石油、医药、粮食等战略性和应急性物质储备支出
	13	公务用车购置	反映公务用车车辆购置支出（含车辆购置税）
	19	其他交通工具购置	反映单位除公务用车外的其他各类交通工具（如船舶、飞机等）购置支出（含车辆购置税）
	99	其他基本建设支出	反映著作权、商标权、专利权等无形资产购置支出，以及其他上述科目中未包括的资本性支出。如娱乐、文化和艺术原作的使用权、购买国内外影片播映权、购置图书等
310	其他资本性支出		反映非各级发展与改革部门集中安排的用于购置固定资产、战略性和应急性储备、土地和无形资产，以及购建基础设施、大型修缮和财政支持企业更新改造所发生的支出
	01	房屋建筑物购建	反映用于购买、自行建造办公用房、仓库、职工生活用房、教学科研用房、学生宿舍、食堂等建筑物（含附属设施，如电梯、通信线路、水气管道等）的支出
	02	办公设备购置★	反映用于购置并按财务会计制度规定纳入固定资产核算范围的办公家具和办公设备的支出，以及按规定提取的修购基金
	03	专用设备购置★	反映用于购置具有专门用途，并按财务会计制度规定纳入固定资产核算范围的各类专用设备的支出。如通信设备、发电设备、交通监控设备、卫星转发器、气象设备、进出口监管设备等，以及按规定提取的修购基金
	05	基础设施建设	反映用于农田设施、道路、铁路、桥梁、水坝和机场、车站、码头等公共基础设施建设方面的支出

续表

科目编码		科目	说明
类	款		
310	06	大型修缮	反映按财务会计制度规定允许资本化的各类设备、建筑物、公共基础设施等大型修缮的支出
	07	信息网络及软件购置更新	反映政府用于信息网络方面的支出。如计算机硬件、软件购置、开发、应用支出等，如果购建的计算机硬件、软件等不符合财务会计制度规定的固定资产确认标准的，不在此科目反映
	08	物资储备	反映政府、军队为应付战争、自然灾害或意料不到的突发事件而提前购置的具有特殊重要性的军事用品、石油、医药、粮食等战略性和应急性物质储备支出
	09	土地补偿	反映地方人民政府在征地和收购土地过程中支付的土地补偿费
	10	安置补助	反映地方人民政府在征地和收购土地过程中支付的安置补助费
	11	地上附着物和青苗补偿	反映地方人民政府在征地和收购土地过程中支付的地上附着物和青苗补偿费
	12	拆迁补偿	反映地方人民政府在征地和收购土地过程中支付的拆迁补偿费
	13	公务用车购置	反映公务用车车辆购置支出（含车辆购置税）
	19	其他交通工具购置	反映单位除公务用车外的其他各类交通工具（如船舶、飞机等）购置支出（含车辆购置税）
	99	其他资本性支出	反映著作权、商标权、专利权等无形资产购置支出，以及其他上述科目中未包括的资本性支出。如娱乐、文化和艺术原作的使用权、购买国内外影片播映权、购置图书等
311		贷款转贷及产权参股	反映政府部门发放的贷款和向企业参股投资方面的支出
	01	国内贷款	反映政府部门向国内有关单位发放的贷款（如农业开发资金中有偿使用部分在此科目反映）
	02	国外贷款	反映政府部门向国际组织和国外政府提供的贷款（如援外支出中的有偿使用部分在此科目反映）
	03	国内转贷	中央与地方共用科目。反映政府部门向外国政府、国外金融机构或上级政府借款转贷给下级政府、相关部门和企业的款项
	04	国外转贷	反映政府部门向外国政府、国内金融机构借款转贷给国外有关机构和企业的款项

续表

科目编码		科目	说　明
类	款		
311	05	产权参股	反映政府购买国际组织股权和对企业投资参股的支出。由于政策性原因对其给予补贴，不在此科目反映
	06	国有资本经营预算资本性支出	反映用国有资本经营预算向新设企业注入国有资本、向现有企业补充国有资本和认购有限责任公司、股份有限公司股权（股份）等资本性支出
	99	其他贷款转贷及产权参股支出	反映除上述项目以外其他用于贷款转贷及产权参股方面的支出
399	其他支出		财政部门或有预算分配权的部门专用科目。反映不能划分到上述经济科目的其他支出
	01	预备费	财政部门专用
	02	预留	有预算分配权的部门专用
	03	补充全国社会保障基金	反映由国有股减持收入和其他财政资金补充全国社会保障基金的支出
	04	未划分的项目支出	反映未按上述科目细分的项目支出
	05	国有资本经营预算其他支出	反映用国有资本经营预算收入安排的除资本性支出和费用性支出以外的支出
	99	其他支出	反映除上述项目以外的其他支出

应当看到，这些支出项目中的补贴成分依然太多，且由于国内企业所有制方面的特征，一个企业享受多种补贴屡见不鲜。

（二）政府对企业的补贴

由于企业是纳税主体，自然也能够获得各种财政支出支持。2011—2013 年及 2014 年上半年期间，A 股上市公司获得的政府补助合计高达 3414 亿元，通过政府补助扭亏为盈的上市公司达 278 家，有些公司连续三年都是通过补贴扭亏。政府对 A 股的补助呈现两大特征：

第一大特征是覆盖范围广。2537 家上市公司 2011—2013 年获得政府补助的家数分别为 2358 家、2393 家和 2411 家，占总家数的比例分别为

92.94%、94.32%和95.03%，覆盖范围逐步扩大；从金额看，前三年的政府补助金额分别为851亿元、1071亿元和1120亿元，也呈逐年增加的态势。

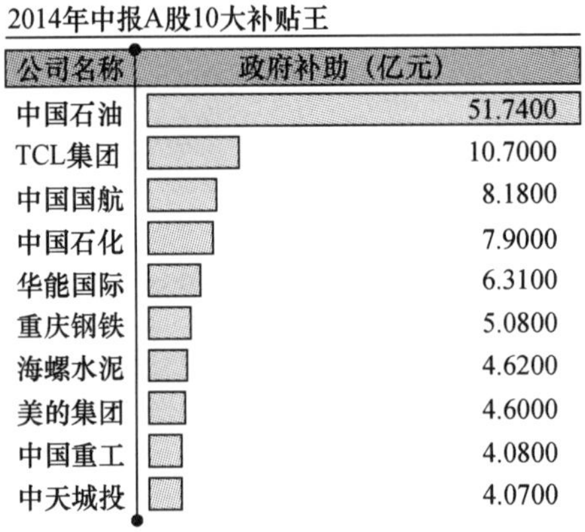

图1-1 2014年上半年A股上市公司获得政府补贴前十名

资料来源：《上市公司三年半获补3414亿中国石油316亿蝉联榜首》，《经济观察报》2014年9月1日。

第二大特征是行业集中度高。从行业分布看，制造业上市公司是获得政府补贴家数最多的行业。具体来讲，截至目前，获得政府补贴的2030家上市公司中，以证监会细分行业划分，计算机、通信和其他电子设备制造业最多，为186家，其次是化学原料和化学制品制造业、电器机械和器材制造业分别为162家和149家，另外，医药制造业130家、专用设备制造业115家、汽车制造业68家。

第二章　石油行业财税政策与改革

石油行业关系到国民经济稳定和国家安全，石油行业的财税制度既有国内一般行业的特征，又有其本身的特征。财税成本与加工和原油共同组成石油价格，财税成本的合理性，直接关系到石油价格，继而关系到整个国民经济发展和全社会居民福利。作为居民消费的重要组成部分，石油价格过低会导致粗放的石油消费，给环境和可持续发展带来压力；作为最重要的生产成本之一，石油价格过高又会威胁中国制造和中国工业的全球竞争力。

据国土资源部数据显示，截至2012年年底，全国已探明油气田共920个，其中油田673个，石油累计探明地质储量为341亿吨，建立了东北、新疆、鄂尔多斯、四川、渤海湾、南海等多个大油气区，30个油气生产基地。我国的石油资源分布不均，产量分布不均，主要分布在山地、沙漠及黄土塬等地带，开发勘探的难度比较大，对技术要求及成本费用的要求较高。石油资源在海域、东部及中西部地区、渤海湾盆地及松辽盆地的探明程度都达到了50%以上，处于勘探的中高程度，但待探明的石油资源还是很丰富的。据第三次全国石油资源评价结果，海洋石油资源量占全国石油资源总量的23%，勘探开发前景广阔。石油行业的勘探开发需要进行大量的投资，2012年我国油气矿产勘查投资786.11亿元，90%左右来自社会资金。

石油行业垄断程度高，从上游的勘探开采到下游的油品销售，基本集中于四大企业手中。相对于大部分工业和制造业，油气行业一直保持着较高的收益。尤其是上游领域，我国油气开采领域10多年来毛利率一直保持在40%以上（除2009年初金融危机之外），而整个石化化工产业链上下游环节毛利率大多在5%—15%（Wind资讯，2014）。与之相对的一组数据是，上市公司年报中披露出中石油、中石化获得高达政府上百亿元的补贴，被媒体戏称为“补贴王”。这也从侧面反映出石油行业的财税政策仍需进一步理顺。

一　现行石油财税政策

（一）我国现行石油税制

与国外以自然人纳税为主的税制不同，企业是我国缴税的主体。从全国来看，目前全国税收收入的90%以上是由企业缴纳的。这些特征在石油行业表现得尤其突出。

我国现行的18个税种中，所有税种都适用石油行业。增值税、消费税、营业税、关税、企业所得税、城镇土地使用税、耕地占用税、土地增值税等都是石油税制的主体。

表2－1　　中国石油行业主要税费一览表

种类	税种	税率
流转税类：增值税、消费税、营业税、关税	增值税	原油17% 进口原油征收进口增值税
	营业税	3%
	关税	优惠税率：16元/吨 普通税率：85元/吨
	消费税： 成品油消费税	1. 汽油 （1）含铅汽油：1.40元/升 （2）无铅汽油：1.00元/升 2. 柴油：0.80元/升 3. 航空煤油：0.80元/升 4. 石脑油：1.00元/升 5. 溶剂油：1.00元/升 6. 润滑油：1.00元/升 7. 燃料油：0.80元/升
所得税类	企业所得税	基本税率为25%，优惠税率为20%、15%，部分为10%
资源税类	资源税	6%
	城镇土地使用税	大城市：1.5—30元；中等城市：1.2—24元；小城市：0.9—18元；县城、建制镇、工矿区0.6—12元
	土地增值税	见表1－9
	耕地占用税	人均耕地1亩，10—50元；1—2亩，8—40元；2—3亩，6—30元；3亩，5—25元

续表

种类	税种	税率
财产行为税类	房产税	计税依据：房产余值或租金，1.2%或12%
	车船税	按排量征收，见第一章“车船税”
	印花税	万分之三、万分之五、千分之一、5元
	城市维护建设税	城市7%、城镇5%、其他1%

（二）石油行业收费

除了税收之外，石油行业还必须缴纳名目繁多的收费项目，这是石油行业税负高于一般行业的重要表现。表2－2是某大型石油企业2012年缴纳的收费类项目。

表2－2　　2012年某石油企业缴纳的收费项目

序号	行政收费	公司执行	序号	行政收费	公司执行
1	石油特别收益金	√	8	探矿权使用费	√
2	矿产资源补偿费	√	9	探矿权价款	√
3	矿区使用费	√	10	采矿权使用费	√
4	价格调节基金	√	11	采矿权价款	√
5	河道维护费	√	12	水资源费	√
6	水利建设基金	√	13	残疾人就业保障金	√
7	文化事业建设费	√			

（1）石油特别收益金。是专门针对石油行业征收的特殊收费项目，征收目的是“推动石油价格机制改革，促进国民经济持续健康协调发展”。石油特别收益金是石油开采企业销售国产原油因价格超过一定水平所获得的超额收入按比例征收的收益金。凡在中华人民共和国陆地领域和所辖海域独立开采并销售原油的企业，以及在上述领域以合资、合作等方式开采并销售原油的其他企业（以下简称合资合作企业），均应当按照本办法的规定缴纳石油特别收益金。财政部负责石油特别收益金的征收管理工作。中央石油开采企业向财政部申报缴纳石油特别收益金；地方石油开采企业向财政部驻所在地财政监察专员办事处申报缴纳；合资合作企业应当缴纳的石油特别收益金由合资合作的中方企业代扣代缴。石油特别收益金实行五级超额累进从价定率计征，2013年该公司缴纳特别收益金为730

亿元，约占税收收入的23%。

（2）矿产资源补偿费。征收的目的是“为了保障和促进矿产资源的勘察、保护和合理开发，维护国家对矿产资源的财产权益”，它是矿产资源国家所有权在经济上的实现形式。矿产资源补偿费由中央和地方共享。由国土资源部门作为地矿主管部门会同同级财政部门负责征收。采矿权人对矿产品自行加工的，按照国家规定价格计算销售收入；国家没有规定价格的，按照征收时矿产品的当地市场平均价格计算销售收入。采矿权人向境外销售矿产品的，按照国际市场销售价格计算销售收入。

矿产资源补偿费由采矿权人缴纳。矿产资源补偿费以矿产品销售时使用的货币结算；采矿权人对矿产品自行加工的，以其销售最终产品时使用的货币结算。

征收矿产资源补偿费金额 = 矿产品销售收入 × 补偿费费率 × 开采回采率系数

其中：补偿费费率为0.5%—4%，平均为1.18%。

（3）矿区使用费。征收的目的是“促进国民经济的发展，扩大国际经济技术合作，鼓励开发我国海洋石油资源”。原油和天然气的矿区使用费，均用实物缴纳。原油和天然气的矿区使用费，由税务机关负责征收管理。矿区使用费按照每个油、气田日历年度原油或者天然气总产量计征，矿区使用费费率如下：年度原油总产量不超过100万吨的部分，免征矿区使用费；年度原油总产量超过100万吨至150万吨的部分，费率为4%；年度原油总产量超过150万吨至200万吨的部分，费率为6%；年度原油总产量超过200万吨至300万吨的部分，费率为8%；年度原油总产量超过300万吨至400万吨的部分，费率为10%；年度原油总产量超过400万吨的部分，费率为12.5%。

（4）价格调节基金。价格调节基金是为了平抑市场价格，用于吞吐商品、平衡供求或者支持经营者的专项基金。《价格法》第27条规定：政府可以建立重要商品储备制度，设立价格调节基金，调控价格，稳定市场。价格调节基金征收分为9类，包括计征标准各不相同。其中与石油相关的是：采矿业（包括煤炭、金矿石、铁矿石、铝土矿等）按照“谁开发、谁保护，谁破坏、谁恢复，谁受益、谁补偿”的原则，企业每生产、销售1吨征收1元。从事石油销售的单位或个人，按增值税入库级次划分各单位收入的5%计征。其中采矿业部分由地税部门征收，石油销售由国税部门征收。按照财政部、国家发展改革委《关于全面清理涉及煤炭原油天然气收费基金有关问题的通知》，自 2014 年 12 月 1 日起，在全国范围统一将煤炭、原油、天然气矿产资源补偿费费率降为零，并停止征收煤炭、原油、天然气价格调节基金。

（5）河道维护费。全称为“河道工程修建维护费”，属于地方收费项目，只在辽宁等部分省市征收。以下规定来自《辽宁省河道工程修建维护费征收使用管理办法》，征收目的是“为了加强河道工程的建设、维护和管理，提高河道防洪抗灾能力，保障国家和人民生命财产安全”，凡有销售、营业收入的，按月销售或者营业收入的 1‰计征；对上一年销售额在 1000 万元以上，进销差价率在 10% 以下的大型商业企业，按月销售额的 0.5‰计征。河道维护费由水行政主管部门水利厅负责征收。水行政主管部门可以委托地方税务部门代征。

（6）水利建设基金。征收目的是“为加快水利建设步伐，提高大江大河防洪抗旱能力，改变重点水利工程设施和江河防洪体系建设滞后的状况，缓解水资源供需矛盾，促进社会经济持续、快速、健康发展”。中央水利建设基金的来源是：从中央有关部门收取的政府性基金（收费、附加）中提取 3% 和经国务院批准的其他可用于水利建设基金的资金。应提取水利建设基金的中央政府性基金（收费、附加）项目包括：车辆购置附加费、港口建设费、铁路建设基金、市话初装费、邮电附加、中央分成的电力建设基金。地方水利建设基金的来源是：从地方收取的政府性基金（收费、附加）中提取 3%，有重点防洪任务的城市要从征收的城市维护建设税中划出不少于 15% 的资金，经省、自治区、直辖市人民政府批准征收的用于水利工程和防洪设施建设的各项基金（资金、附加、收费），统一纳入地方水利建设基金。

（7）文化事业建设费。征收目的是“进一步完善文化经济政策，拓宽文化事业资金投入渠道”。缴纳文化事业建设费的单位和个人应按照提供增值税应税服务取得的销售额或营业税取得的营业额按 3% 的费率计算应缴费额。营业税改征增值税后，按照《关于营业税改征增值税试点有关文化事业建设费征收管理问题的通知》（财综〔2013〕88 号），“营改增”后的文化事业建设费，由国家税务局征收。文化事业建设费纳入财政预算管理，建立专项资金，用于文化事业建设。

（8）探矿权使用费、探矿权价款、采矿权使用费、采矿权价款。具有一定的使用者付费性质。为维护矿产资源的国家所有权，加强探矿权采矿权使用费和价款管理，在中华人民共和国领域及管辖海域勘查、开采矿产资源，均须按规定交纳探矿权采矿权使用费、价款。探矿权使用费是国家将矿产资源探矿权出让给探矿权人，按规定向探矿权人收取的使用费。采矿权使用费是国家将矿产资源采矿权出让给采矿权人，按规定向采矿权人收取的使用费。探矿权价款是国家将其出资勘查形成的探矿权出让给探矿权人，按规定向探矿权人收取的价款。采矿权价款是国家将其出资勘查形成的采矿权出让给采矿权人，按规定向采矿权人收取的价款。探矿权采矿权使用费收取标准是：探矿权使用费以勘查年度计算，按区块面积逐年缴纳，第一个勘查年度至第三个勘查年度，每平方公里每年缴纳 100 元，从第四个勘查年度起每平方公里每年增加 100 元，最高不超过每平方公里每年 500 元。采矿权使用费按矿区范围面积逐年缴纳，每平方公里每年 1000 元。探矿权采矿权使用费和价款由探矿权采矿权登记管理机关负责收取，属于国务院地质矿产主管部门登记管理范围的探矿权采矿权，其使用费和价款，由国务院地质矿产主管部门登记机关收取；属于省级地质矿产主管部门登记管理范围的探矿权采矿权，其使用费和价款，由省级地质矿产主管部门登记机关收取。

（9）水资源费。也具有使用者付费性质。征收目的是“为加强水资源管理和保护，促进水资源的节约与合理开发利用”。县级以上人民政府水行政主管部门、财政部门和价格主管部门依照本条例规定和管理权限，负责水资源费的征收、管理和监督。水资源费由取水审批机关负责征收，其中，流域管理机构审批的，水资源费由取水口所在地省、自治区、直辖市人民政府水行政主管部门代为征收。水资源费征收标准由省、自治区、直辖市人民政府价格主管部门会同同级财政部门、水行政主管部门制定，报本级人民政府批准，并报国务院价格主管部门、财政部门和水行政主管部门备案。其中，由流域管理机构审批取水的中央直属和跨省、自治区、直辖市水利工程的水资源费征收标准，由国务院价格主管部门会同国务院财政部门、水行政主管部门制定。

（10）残疾人就业保障金。在实施分散按比例安排残疾人就业的地区，凡安排残疾人达不到省、自治区、直辖市人民政府规定比例的机关、团体、企业事业单位和城乡集体经济组织，根据地方有关法规的规定，按照年度差额人数和上年度本地区职工年平均工资计算缴纳用于残疾人就业的专项资金。应缴纳的保障金 = ［单位上年度在职职工总数 ×1.5%（上海市为 1.6%） - 已安排残疾职工人数］ ×本地区上年度职工年平均工资。残疾人就业保障金由税务部门代征。

（三）税费结构

在公司缴纳的税费中，税收占 75% 左右，行政性收费占 25%。其中石油特别收益金占比行政收费的比重最高，且为中央 100% 独享，矿产资源补偿费中央地方各占 50%。

表 2 - 3　　2012 年某石油企业缴纳的税费金额

项目	金额（亿元）	中央比例（%）
一、税金合计	3205.7	
增值税	1110.3	75
消费税	1031.4	100
企业所得税	494.3	
城市维护建设税	133.96	
资源税	246.9	
营业税	52.4	
土地使用税	36.1	
二、应交行政性收费合计	920.1	
矿产资源补偿费	51.8	50
石油特别收益金	731.9	100
合　　计	4125.8	78

二　石油财税政策的国际比较

截至 2014 年 8 月 25 日，中国的汽油价格在全球 160 个国家和地区中排名居中。1.32 美元每升的价格是价格最高的挪威的一半左右，却是价格最低的委内瑞拉的 100 多倍（见附录）。由于全球原油市场基本是统一的全球市场，各国石油价格差异的背后，是各国不同的石油财税政策。图 2 - 1 采用国际能源署（International Energy Agency）的《能源价格与税收季度统计》（*Energy Prices and Taxes*：*Quarterly Statistics*）提供的各国 2013 年第 4 季度的数据完美地说明了这一点。

比较各个国家的数据不难发现，针对车用柴油、高级无铅汽油和轻燃料油，不同国家不含税的油价基本相同，差别在一定程度上取决于各国不同的炼制成本，但是各个国家税收成本的影响差别巨大。在柴油价格最高的挪威、瑞典、意大利、英国等欧洲国家，税收成本占柴油成本的一半以上，而美国税收成本仅为柴油价格的 14%。在无铅汽油价格上，挪威、意大利和荷兰的税收成本占 60% 左右，而美国只有 15%。在轻燃料油价格中，瑞典的比重接近 50%，而美国只有 5%。

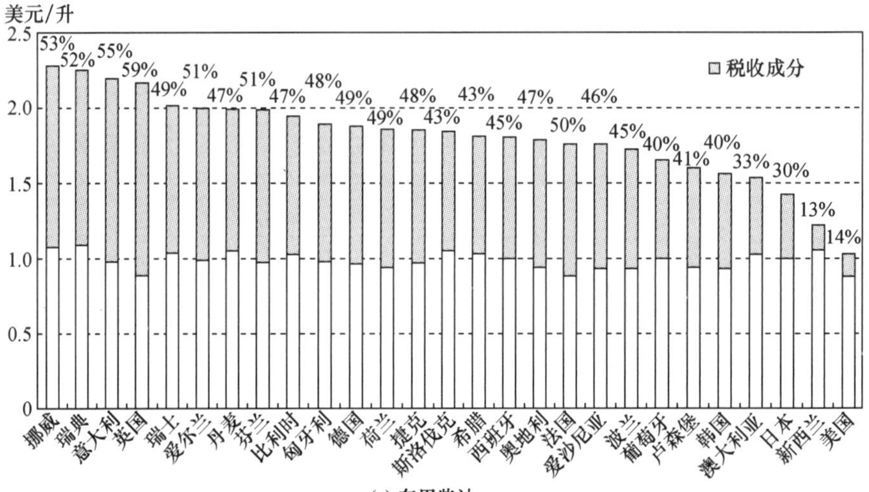

(a) 车用柴油

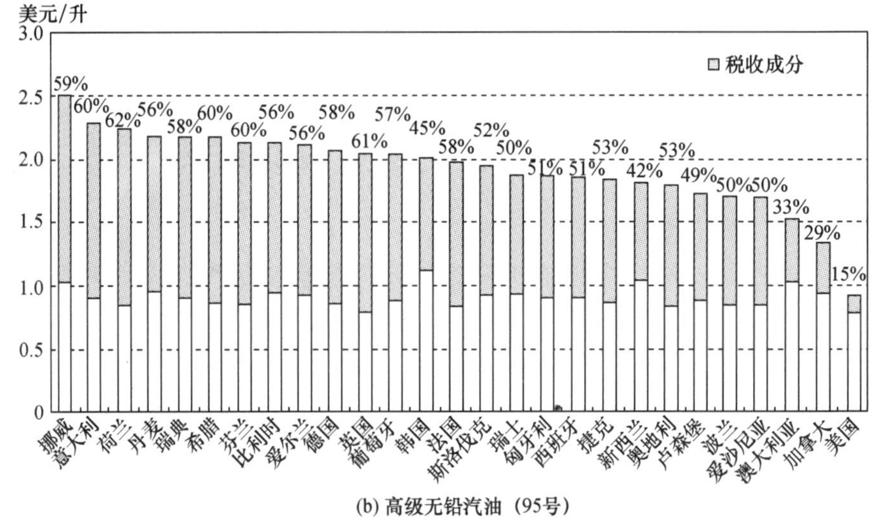

(b) 高级无铅汽油（95号）

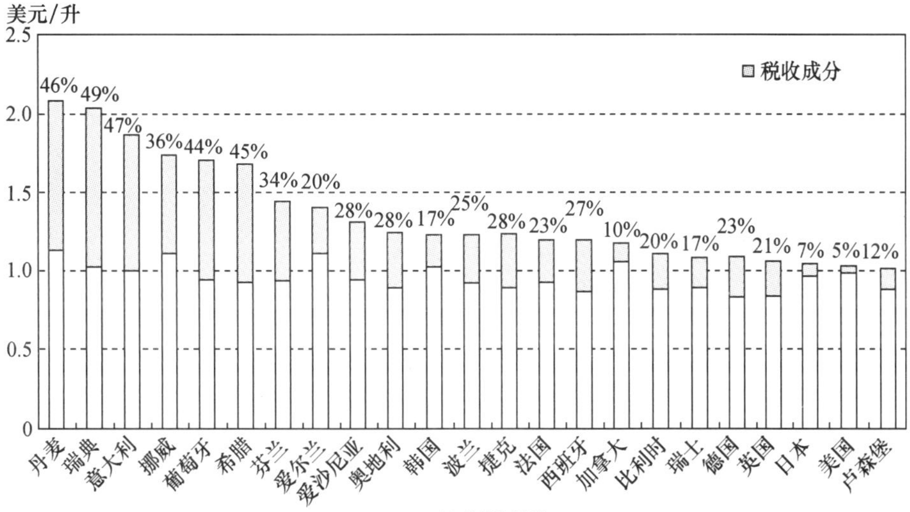

(c) 轻燃料油

图 2－1　IEA 能源价格与税收（2013 年第 4 季度）

资料来源：International Energy Agency, Energy Prices and Taxes: Quarterly Statistics, Second Quarter 2014.

世界主要产油国的石油税费基本上由两大部分构成：一是适用于所有工业企业的普通税费，如所得税等；二是油气矿业特有的税费，如权利金、资源租金税、矿业权租金等。权利金也被称为矿区使用费、矿业税、采矿税等，其征收的目标是使国家从采矿人采出及销售的石油、天然气中得到合理的收益。资源租金税体现矿产资源所有权人经济权益中的级差地租部分，目的在于调节因不同石油企业的资源丰度等自然条件不同而造成的采矿权人收益上的显著差距，促使采矿权人在同等条件下公平竞争。矿业权租金（又称矿业权使用费、租金、固定租金、矿地租金等），是指矿业权人依法向油气资源所有权人（通常是国家）缴纳的探矿权、采矿权使用费。征收矿业权租金能够鼓励矿业权人少占地，尽快通过勘查工作退出自己认为没有远景的地区。

权利金反映的是绝对地租的概念，是各国普遍征收的主要税种。目前，世界上有近百个国家对油气资源的开采者征收权利金，费率在10%—20%之间，如美国、英国、巴基斯坦等为 12.5%，法国、挪威为 8%—20%，巴西为 10%—15%%。在一些矿业大国权利金所占的财政收入比重较大。从各国的经验来看，有从量、从价和利润比例等计征的方式。例如阿根廷根据井口产值按固定费率计征；美国得克萨斯州根据产量水平按滑动比率计征；加拿大则将油田分为老油田、新油田和最新油田三类，分别按不同费率计征。产油大国普遍征收资源租金税，相当一部分国家是根据国际油价的涨跌情况采取增加或取消资源租金税的政策的。比较明显的例子是，1980 年世界石油价格飙升时美国曾经开征石油资源租金税，直到 1988 年油价大幅回落后便将其废止。在具体的计征上，资源租金税类似于一种递进的所得税。但总的来看，这种超权利金收入远远低于权利金收入。主要油气矿业国家均征收矿业权租金，租金费率由各国矿业法、矿产资源法或其细则规定，一般根据矿业活动的类型按面积收费。如澳大利亚昆士兰州规定勘探许可证 27 澳元/年，采矿租赁是 3100 澳元/年；智利规定探矿权使用费为 75 美元/年，采矿权使用费为 375 美元/年。此外，有些国家在授予矿业权时收取红利。红利是在矿业权招标出让过程中，中标人向所有权人一次性支付的现金。如美国，对可租让矿产的矿业权出让方式主要是招标租让。

由于石油资源的分布及品质存在差异，税收优惠政策能够促进开发难度大、资本投入规模较大资源的有效开采。各国税收优惠政策的类型主要有：免税期、加速折旧、税收抵免、勘探或开发成本的费用化、设备和资本货物进口关税的免除、亏损无限期向以后年度结转和其他激励。与其他行业相比，石油石化行业属于资本密集型的行业，生产初期的巨额设备支付对项目盈利有极大的影响。考虑到这一特点，许多国家的政府都允许纳税人在项目初期申报较高的折旧抵扣额（最常见的是加速折旧的方法）。大部分国家或地区对资本成本都可通过费用化、缩短折旧年限、余额递减法和超额折旧进行处理。在可行性研究和勘查阶段，石油企业并未取得任何收入，却一直在进行投入，而且这些投入是必需的和巨大的。许多国家允许可行性研究成本和勘查支出累加起来并向前结转至投资者开始生产和取得收入的阶段。例如加拿大安大略省规定勘探开发成本可立刻进行费用化；美国规定勘探开发成本的 70% 立刻费用化，另外 30% 则在 5 年内进行摊销。此外，一些高产油国家还制定了针对石油工业的特殊优惠政策，如美国和加拿大两国都针对边际矿井或低产井、闲置井、弃井、深井、水平井、三级探井以及新井等特殊矿井制定了相应的税收优惠政策。下面选取了具有代表性的产油国美国、英国、俄罗斯、巴西为例进行对比分析。

（一）美国

美国对石油资源税费的征收已经有近200年的历史，形成了较为成熟的石油资源税费体制。1872年颁布的《矿业法》为其矿业产权制度奠定了基石。美国的石油资源税费规定大致包括权利金、红利、矿业权租金和耗竭补贴四类。据统计，美国的石油资源税费大部分收益来自权利金，甚至能达到石油资源总收益的77%。由于石油行业的特殊性，美国的权利金并非由财税部门征收，而是由隶属于内政部的更为了解行业情况的自然资源收益管理局征收。美国政府在资源开采前期推行红利制度，政府将其管辖范围内可用于出租的石油资源向社会上的石油公司进行公开招标并向获得矿业权的石油公司征收一次性的红利费用。红利的多少取决于石油资源的内部条件（如品位等级等）以及外部条件（如石油资源所处地区的经济发展情况）。可以说，红利类似于我国的采矿权价款。在美国，石油资源的勘探和开发需要交纳矿业权租金，通常是按年交纳，数额大小由法律规定或协商解决。石油资源的耗竭补贴是美国政府为促进石油产业的发展而采取的一种补贴措施。石油资源的耗竭补贴的意义是通过把埋藏于地下的石油资源进行资产化，视石油资源为固定的资产。这样一来，石油资源的价值就可以通过耗竭补贴这种方法给石油开采企业带来相应的补偿。在美国，石油公司可以按照特定的比例从其应税的石油资源销售收入中扣除掉石油的耗竭部分。可以将石油资源的耗竭补贴视作一种负的权利金，政府从权利金中获得收益，而石油资源的耗竭补贴是美国政府从已收到的石油资源税费中补贴给相应的石油资源开采公司，这就是石油资源的耗竭补贴与权利金最大的不同所在。美国根据对石油资源开发的不同阶段，规定油田开采企业可以扣除销售收入14%—22%的耗竭补贴。据统计，2009年美国政府用于石油资源耗竭补贴的资金达到0.83亿美元，大约可占美国政府所有石油资源税费收益的0.2%。

（二）英国

英国早在1975年便颁布了石油税收法令。经过数十年的发展，英国已建立了完善的油气资源管理法律法规体系，包括《大陆架法》、《石油法》、《天然气法》、《石油所得税法》、《天然气征税法》、《陆上与海上石油生产条例》及《陆上与海上石油勘探开发许可证规则》等。法律规定，英国陆上和海上油气资源归国家所有，建立了以油气矿业权招标制度为核心的油气资源管理体制，明确了油气勘探开发管理、监督的机构及其职能，系统规范了油气勘探、开发与生产活动，形成了一整套有效的税费制度和合同条款、类型，并主要通过税收等方式体现国家所有者权益。英国政府从石油开采中获得了高额的收益，政府所得通常占整个油田勘探开采收入的70%—90%。英国的主要税费包括企业所得税、权利金、矿业权租金、定金、石油收益税等。为了避免油气区块闲置，吸引投资，促进油气勘探开发，英国政府出台并多次修订了油气区块招投标、税收等多项政策，包括废除了专有勘探权、简化了勘探开发许可证申请程序、对新开发油田免征石油税、降低老油田的石油税率等，鼓励提高采收率，开发边际油气田，加强环境保护，实现了油气资源开采效益最大化和环境影响最小化。

（三）俄罗斯

2001年俄罗斯进行了全面的税制改革，开始了石油资源的新税制系统。俄罗斯从2002年1月1日起开征新的矿产开采税，替代原有的开采使用费、原料基地再生产提成费和与石油资源有关的消费税，税收标准同世界市场价格联动。同时，对石油和石油产品及天然气征收出口关税，税率也同出口价格联动，经由税收杠杆提高财政收入。之前复杂的开采使用费与原料基地再生产提成费被统一的矿产开采税所取代，提高了政府税收的透明度，增强了预算能力，便于监督，降低了政府和企业的管理成本。《俄罗斯联邦税法典》、《俄罗斯联邦地下资源法》、《俄罗斯联邦大陆架法》与《俄罗斯联邦专属经济区法》对石油的地矿资源勘探、开采、使用及环境保护工作、监测地质生态环境等相关税收问题做出详细规定，尽可能减少主观因素的扰动，保证经营者的合法权益和国家的根本利益。俄罗斯的石油权益金采取级差方式征收，高于一定价格的收益，国家按90%征收权益金。为应对金融危机对俄石油行业的冲击，保证原油产量，2009年起俄罗斯将石油开采税的起征点从9美元/桶提至15美元/桶。据俄财政部的测算，石油开采税的起征点提高后，石油公司每年可减少1000亿卢布的税负。为鼓励对地质条件恶劣、效益低下的油田实施开发，俄罗斯还采取矿产开采税的免税期制度，以增加石油产量与公司利润率。但是对石油开采税实行统一征收，没有考虑到资源的差异性，也存在一些弊端。俄罗斯2006年的第151号联邦税法在现行的石油资源税费中增添新的内容，其中之一是对石油开采税进行改进，视石油的开采程度和开采的难易程度分门别类地执行不同的石油开采税；而对新油井的开采初期不收开采税，以及对符合特殊开采条件的油田实行石油开采税的“零税率”。2007 年 1 月 1 日，俄罗斯开始实行免税期制度。这种新的针对石油开采税的免税期优惠税收政策延长了油井的生命周期，而生命周期的延长又延长了俄罗斯的石油开采税以及其他税收的征收周期。这项政策不但促进了东西伯利亚新油井的开发，也为俄罗斯提供了较为稳定的财政收入。

（四）巴西

20 世纪 60 年代以来，巴西先后颁布了《石油法》、《石油投资法》及《石油法修正案》等法律，实施了税费征收、勘探、开采标准合同、标准租让合同、仲裁等法律法规制度，逐渐形成了市场化导向的法律法规体系，明确规定国家拥有全国陆地、海上的石油资源，联邦政府享有油气勘探、开发与生产的所有权利。依据法律，巴西联邦政府建立了以签字费、资源税（权利金）、矿业权租金、工业产品税（增值税）以及企业所得税为主的石油资源税费政策体系。巴西领域内从事矿产勘探开发和生产的企业需要缴纳资源税，按销售矿物取得的总收入从价计征，但不包括代客户交纳的税金、海运费和保险费。巴西矿山企业综合税费负担水平在 10%—15%。巴西资源税由联邦政府征收，属于中央税，历年资源税占联邦税收额的 0.5% 左右。同一环节征收资源税的产品不缴工业产品税和销售税。后续环节的工业产品扣税时也不得扣除商品中包含的资源税。2010 年新的石油法修正案生效以来，勘探开发环节实行特许经营制度和产品分成制度并行，分别征收不同的税费。巴西还有关于暴利税的规定，1997 年《石油法》第 50 条规定，在产量很大或利润很高的情形下，应按照总统令规定进行特殊分成。巴西在制定税制时给予此行业很多优惠：通常矿税是产量的 10%，但出于对勘探开发的扶持，在地质情况复杂的地区，矿税税率可降至 5%。为吸引外资投入巴西石油勘探开发，除联邦政府视情况对外国投资者提供税收优惠外，巴西各州、市也有各自的税收优惠。譬如以优惠条件供给土地、厂房等基础设施及水、电等，减免商品流通服务税，供应低息贷款等。对在巴西边远、贫困地区的外资企业，有关州、市给予更多税收优惠。

表 2－4　　世界主要产油国石油税费概况

国别	税费模式	模式特征	税制结构	主要税种
美国	租让制	土地所有权多样化；分级立法管理	以所得税为主体	红利、权利金、矿业权租金等
英国	租让制	土地所有权多样化	以直接税为主，间接税为辅	企业所得税、权利金、矿业权租金、定金、石油收益税等
俄罗斯	合同制	实行集权，税收立法由中央政府统一制定	以增值税、利润税为主	增值税、利润税、矿产开采税等
巴西	合同制	实行集权，税收立法由联邦政府统一制定	以间接税为主	企业所得税、工业产品税（增值税）、签字费、资源税（权利金）、矿业权租金、暴利税等

三　当前石油税费存在的问题与改革措施建议

石油行业财税政策的弊端，既体现了我国各个行业的一般性财税政策问题，也体现了石油行业的特殊问题。在改革措施上，我们也从特殊问题和一般问题两个角度提出，特殊问题主要是改革特别收益金制度，一般问题则是税费改革、支出改革和企业市场化改革。

（一）建立更加科学的石油特别收益金征收办法

提高起征点，减少累进级次。现有的石油特别收益金制度建立于2006年，是国家对石油开采企业销售国产原油因价格超过一定水平所获得的超额收入按比例征收的收益金。目的是推动石油价格机制改革，促进国民经济持续健康协调发展。当时参照国际市场油价为50—60美元/桶（见图2－2），确定的起征点为40美元/桶。在此基础上实施五级累进。

随着国内生产成本和国际原油价格的迅速攀升，原有的石油特别收益金起征点已经不是石油企业正常盈利。在此背景下，从2011年11月1日起，将石油特别收益金起征点提高至55美元。起征点提高后，石油特别收益金征收仍实行五级超额累进从价定率计征，按月计算、按季缴纳。具体征收比率及速算扣除数见表2－5。

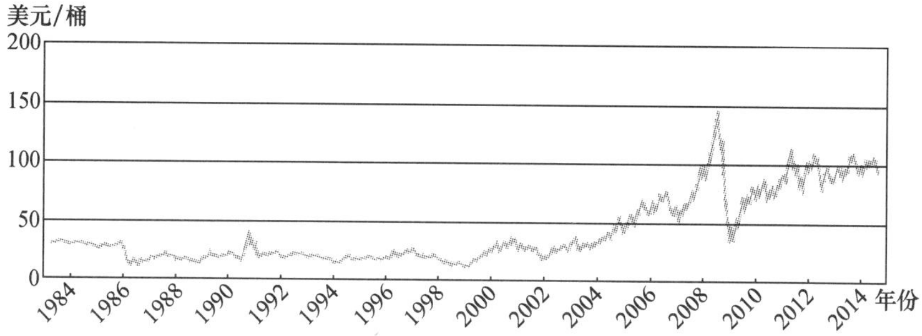

图 2－2　国际原油价格

资料来源：ELA，http：//www. eia. gov/dnav/pet/hist/LeafHandler. ashx？ n = PET&s = RCLC1&f = D.

表 2－5　石油特别收益金征收档次

调整前 原油价格（美元/桶）	调整后 原油价格（美元/桶）	征收比率	速算扣除数 （美元/桶）
40—45（含）	55—60（含）	20%	0
45—50（含）	60—65（含）	25%	0. 25
50—55（含）	65—70（含）	30%	0. 75
55—60（含）	70—75（含）	35%	1. 5
60 以上	75 以上	40%	2. 5

实际上，现有的石油特别收益金制度存在两个问题。

一是生产成本由国内市场决定，但“暴利税”——石油特别收益金采用美元标价，由美国和美元决定。美元标价方式虽然符合国际原油行业标准，但是这种盯住美元制度事实上导致了美联储的美元发行政策和美国货币政策对石油特别收益金有很大决定权。中国石油行业的加工环节基本在国内，生产成本等与国内其他行业一样承受土地、劳动力、原材料、税制等成本上涨压力，但是由于国内以工业品和生活服务等实体经济供销为主的产品市场供求，不同于国际原油市场以国际资本为核心的金融供求，导致国内市场和企业生产成本的变化不能通过国际原油价格变化体现出来，使石油企业的国内成本决定制度和暴利税的国际美元制度产生分离。石油特别收益金制度不但不能起到调节超额收入、维护正常市场竞争的作用，反而会妨碍正常的市场机制发挥，使市场在资源配置中的决定性作用难以发挥。

按照《中共中央关于全面深化改革若干重大问题的决定》，财税体制改革的基本方向是“稳定税负”。稳定税负的核心是建立更加稳定的税基，防止宏观经济尤其是大宗商品价格的过度波动对税收总量和国家治理产生冲击。建议以国内加工成本、财税成本和原油进口标准加权方式来确定生产成本，其中国内加工成本和财税成本采用人民币标价，原油成本采用美元历史数据并将美元换算成人民币，通过实际测算来推测石油企业利润零点。以实体经济成本为基础的石油特别收益金应当减少计算频率，半年左右调整一次较为妥当。建议借鉴其他国家从大宗资源产品中提取公共收入的方式（如智利的铜矿与结构预算），通过区分产品价格的暂时变化和永久变化，用永久变化来确定特别收益金征收与支出的合理范围，防止公共财政收入因税基不稳定而出现大幅波动，影响经济安全。从长远来看，建议将石油特别收益金的用途改为开放性市场下的能源安全基金。

二是起征点太低，累进级次过多。关于起征点的问题，在 2011 年 11 月调整后，国际石油价格一直在 80—100 美元范围内波动。而现行制度的起征点是 55 美元，每 5 美元累进一个档次，最高档为 75 美元。也就是说，近 3 年以来石油特别收益金一直处在最高档运行，税制在实际起作用的部分过于扁平化。75 美元以下部分的制度因为幅度过窄，已经丧失了存在的意义。建议在科学分析石油价格长期变化趋势的基础上，通过拉大每一档税率之间的跨度，使税制的累进性能够充分发挥调节作用。在现行美元标价制度下，建议目前修改为 3 档，80 美元、90 美元、100 美元为各档起征点，征收比率为 20%、30%、40%。

表 2-6　　建议修订的特别收益金政策与现行政策比较

目前制度 原油价格（美元/桶）	建议修订 原油价格（美元/桶）	征收比率
55—60（含）	80—90（含）	20%
60—65（含）	—	25%
65—70（含）	80—90（含）	30%
70—75（含）	—	35%
75 以上	100 以上	40%

（二）简化税制，正税清费，实现涉油收费清理与归并

我国的税制过分倚靠企业，这在石油行业表现得尤其突出。涉油企业收费多而杂，收费结构过于复杂。除了所有的企业税收以外，各种收费项目更多体现了既有的部门利益，而不是按照税种性质来划分。

税费重复，征税又收费。资源补偿费和资源税重复。资源补偿费和资源税的征收目标都是体现国家对于矿产资源的"财产权益"，体现国有资源有偿使用原则，属于国外通行的矿区使用费。按照财政部、国家发展改革委《关于全面清理涉及煤炭原油天然气收费基金有关问题的通知》（财税〔2014〕74号），自2014年12月1日起，在全国范围统一将煤炭、原油、天然气矿产资源补偿费费率降为零，停止征收煤炭、原油、天然气价格调节基金，取消煤炭可持续发展基金（山西省）、原生矿产品生态补偿费（青海省）、煤炭资源地方经济发展费（新疆维吾尔自治区）。各省、自治区、直辖市要对本地区出台的涉及煤炭、原油、天然气的收费基金项目进行全面清理。今后除法律、行政法规和国务院规定外，任何地方、部门和单位均不得设立新的涉及煤炭、原油、天然气的行政事业性收费和政府性基金项目。要组织做好收费基金清理工作，切实减轻企业负担，确保资源税改革平稳顺利实施。对清理后保留的收费基金项目要统一纳入涉企收费基金目录清单，并向社会公布。在停征基础上，及时废止资源补偿费相关条例，以达到巩固改革成果、清费立税之目的。

不仅如此，资源税所提倡的资源有偿使用，探矿权使用费、探矿权价款和采矿权使用费、采矿权价款也存在一定程度的重复问题，虽然后者具有一定的使用者付费性质。建议研究以上四种收费的归并措施，能与资源税合并的要尽量合并。

（三）厘清收支政策，减少补贴和税收优惠项目类别

我国财政对于企业的支出项目繁多，在现有部门预算水平下，恐怕财政部门自己也搞不清楚到底有多少补贴项目。每一个补贴或者税收优惠，都会对应一个政策，所以最终我们也不知道全国在执行多少政策。在企业被征收各种税费的同时，企业也在接受名目繁多的补贴，补贴过多意味着政府对企业经营干预过多。2537家A股上市公司公布的2014年半年报显示，共有2235家上市公司收到政府补贴，占比达88.1%，2013年95%的上市公司累计获取1120亿元的财政补助。政府的补贴力度已经超越上市

公司的盈利增长速度，报表显示净利润合计为1.266万亿元，同比增长10.13%，而同期政府投入的补贴总额同比增长却达到13.63%。补贴名目也花样繁多，除科技研发、节能环保等专项资金，甚至还有拆迁补偿款等各式名目。2011—2014年上半年，通过政府补助扭亏为盈的上市公司达278家，有些公司连续三年都是通过补贴扭亏。部分上市公司收到的补助比其主营业务产生的净利润多得多。2013年，审计署通告称企业骗取财政补贴的情况层出不穷，政府违规补贴数额也达千亿元。这些上市企业一旦进入发达国家市场，必然会成为国外反倾销、反补贴的调查对象，最终补贴给企业的财政支出会被征收反补贴、反倾销税，变成竞争对手的财政收入。

这是所有行业的一般性问题，石油行业自然也不能幸免。石油企业所接受的补贴，与其高额利润和作为石油特别收益金这个“暴利税”的征收对象身份明显不符，历来是社会各界所诟病的对象，被称为“A股补贴王”。

（四）将能源行业改革落到实处，逐步恢复石油资源型产品的一般特征，更加科学地区分企业社会责任和财政支出责任，减少企业办社会支出

石油行业具有诸多税收优惠和财政补贴的原因，在于其承担了过多的政策业务，而补贴是专门针对政策业务进行的。企业办社会这个长期以来一直存在的顽症，今天在很多石油企业依然存在着，尤其是资源型城市和资源枯竭地区。

企业办社会不同于企业社会责任，因为前者以计划经济时期所形成的国有企业作为社会基本单位为前提，属于市场化改革不彻底的结果，这是石油企业作为老国有企业的历史问题；后者则是在市场经济中，企业在创造利润、对股东承担法律责任的同时，承担的对员工、消费者、社区和环境的责任，是企业自身发展的需要，也是以市场经营为前提的发展问题。改变企业办社会的责任，可以从以下三个方面着手：第一，国家财政明确特殊地区的财政支出责任模式，财政支出直接拨付，避免通过企业中介。第二，调整要素法测算系数，给资源型城市和资源枯竭地区更多的发展激励。第三，建议改变现有市场业务和政策业务合二为一的现状，分离政策业务和经营业务实体，在石油企业之外成立专门的石油政策类公司来执行政策业务，不再以营利为目标。

附录

中国汽油价格及其国际排名

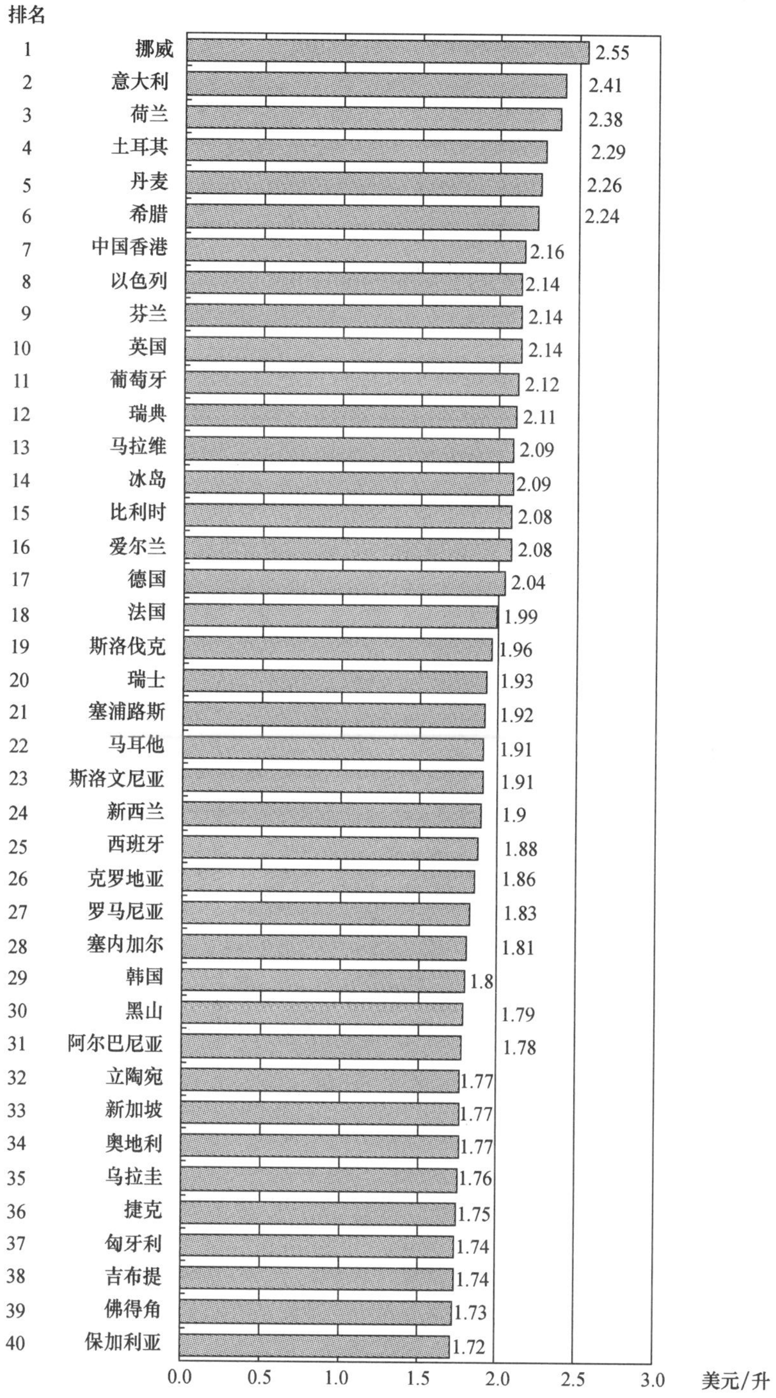

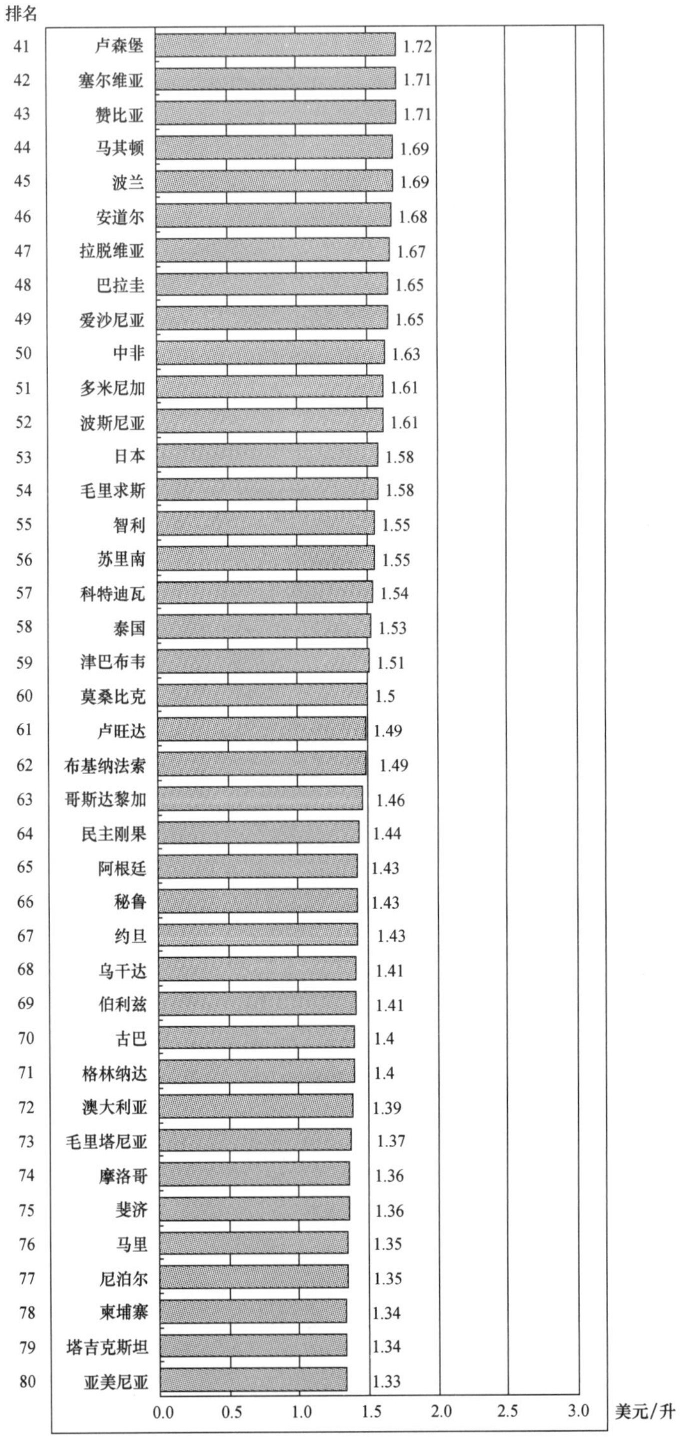
排名
41 卢森堡 1.72
42 塞尔维亚 1.71
43 赞比亚 1.71
44 马其顿 1.69
45 波兰 1.69
46 安道尔 1.68
47 拉脱维亚 1.67
48 巴拉圭 1.65
49 爱沙尼亚 1.65
50 中非 1.63
51 多米尼加 1.61
52 波斯尼亚 1.61
53 日本 1.58
54 毛里求斯 1.58
55 智利 1.55
56 苏里南 1.55
57 科特迪瓦 1.54
58 泰国 1.53
59 津巴布韦 1.51
60 莫桑比克 1.5
61 卢旺达 1.49
62 布基纳法索 1.49
63 哥斯达黎加 1.46
64 民主刚果 1.44
65 阿根廷 1.43
66 秘鲁 1.43
67 约旦 1.43
68 乌干达 1.41
69 伯利兹 1.41
70 古巴 1.4
71 格林纳达 1.4
72 澳大利亚 1.39
73 毛里塔尼亚 1.37
74 摩洛哥 1.36
75 斐济 1.36
76 马里 1.35
77 尼泊尔 1.35
78 柬埔寨 1.34
79 塔吉克斯坦 1.34
80 亚美尼亚 1.33
0.0
0.5
1.0
1.5
2.0
2.5
3.0
美元/升

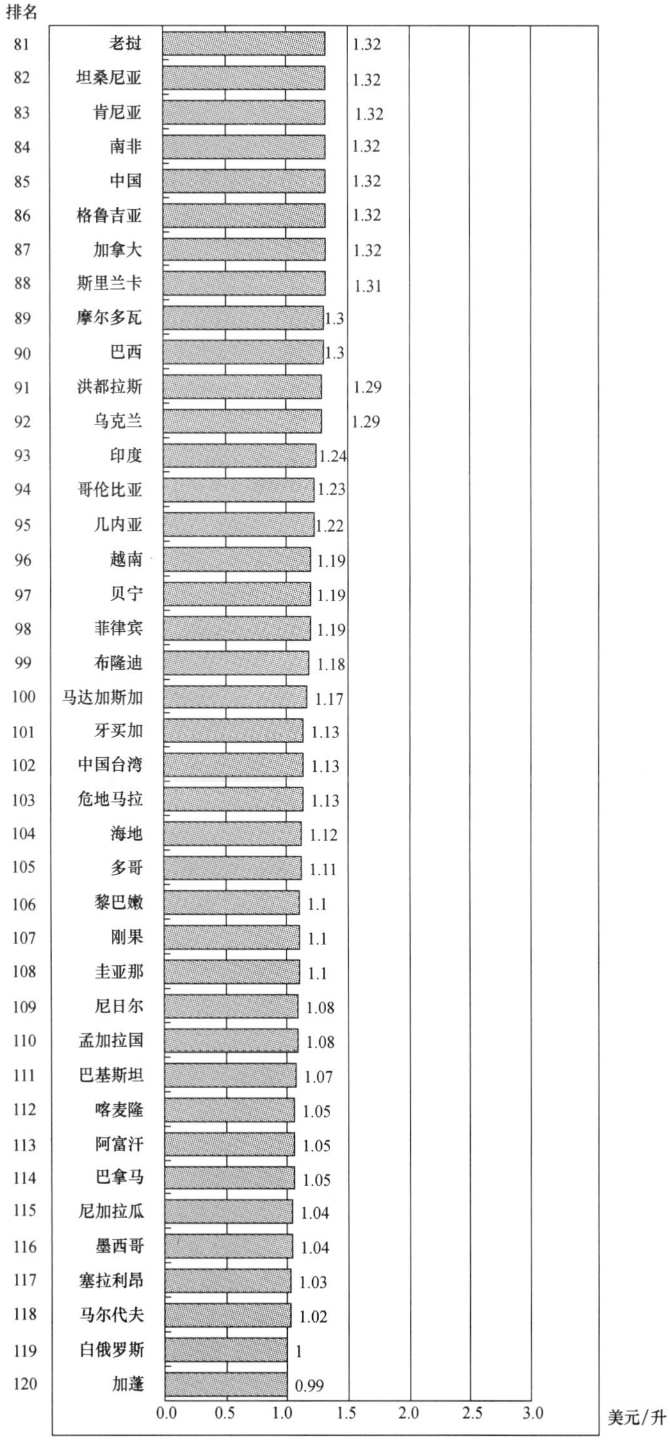
排名
81 老挝 1.32
82 坦桑尼亚 1.32
83 肯尼亚 1.32
84 南非 1.32
85 中国 1.32
86 格鲁吉亚 1.32
87 加拿大 1.32
88 斯里兰卡 1.31
89 摩尔多瓦 1.3
90 巴西 1.3
91 洪都拉斯 1.29
92 乌克兰 1.29
93 印度 1.24
94 哥伦比亚 1.23
95 几内亚 1.22
96 越南 1.19
97 贝宁 1.19
98 菲律宾 1.19
99 布隆迪 1.18
100 马达加斯加 1.17
101 牙买加 1.13
102 中国台湾 1.13
103 危地马拉 1.13
104 海地 1.12
105 多哥 1.11
106 黎巴嫩 1.1
107 刚果 1.1
108 圭亚那 1.1
109 尼日尔 1.08
110 孟加拉国 1.08
111 巴基斯坦 1.07
112 喀麦隆 1.05
113 阿富汗 1.05
114 巴拿马 1.05
115 尼加拉瓜 1.04
116 墨西哥 1.04
117 塞拉利昂 1.03
118 马尔代夫 1.02
119 白俄罗斯 1
120 加蓬 0.99
0.0 0.5 1.0 1.5 2.0 2.5 3.0
美元/升

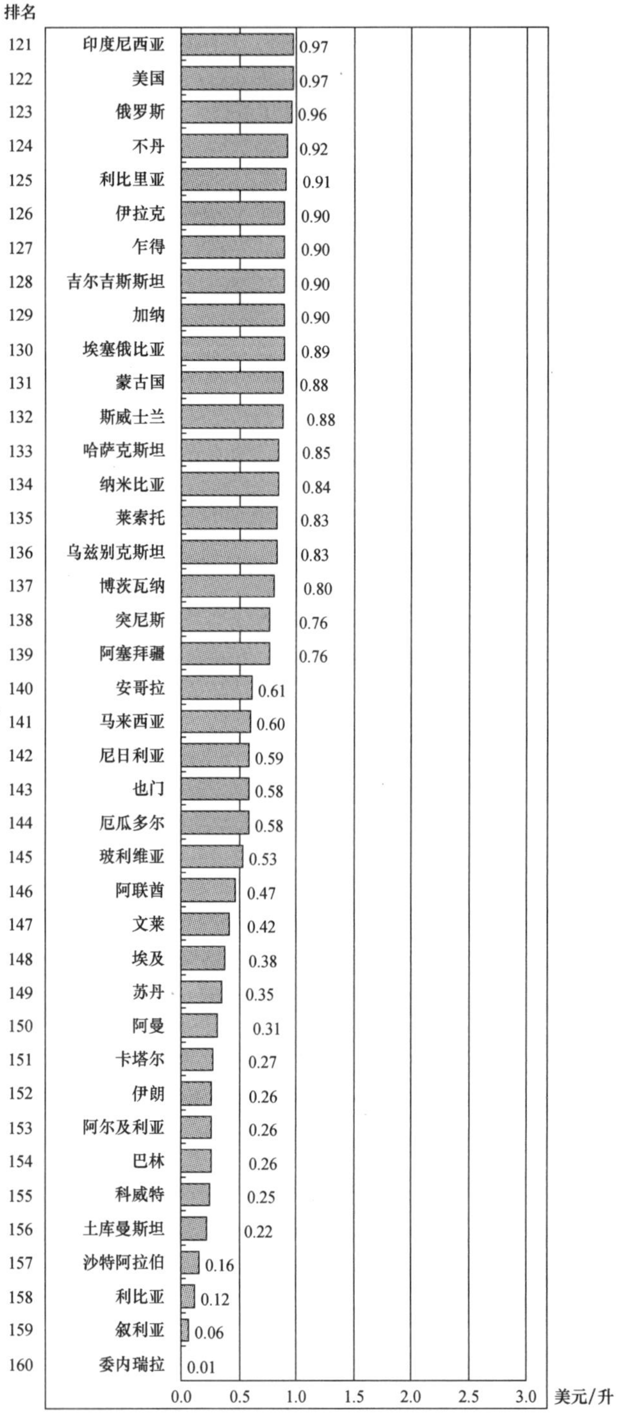
排名
121 印度尼西亚 0.97
122 美国 0.97
123 俄罗斯 0.96
124 不丹 0.92
125 利比里亚 0.91
126 伊拉克 0.90
127 乍得 0.90
128 吉尔吉斯斯坦 0.90
129 加纳 0.90
130 埃塞俄比亚 0.89
131 蒙古国 0.88
132 斯威士兰 0.88
133 哈萨克斯坦 0.85
134 纳米比亚 0.84
135 莱索托 0.83
136 乌兹别克斯坦 0.83
137 博茨瓦纳 0.80
138 突尼斯 0.76
139 阿塞拜疆 0.76
140 安哥拉 0.61
141 马来西亚 0.60
142 尼日利亚 0.59
143 也门 0.58
144 厄瓜多尔 0.58
145 玻利维亚 0.53
146 阿联酋 0.47
147 文莱 0.42
148 埃及 0.38
149 苏丹 0.35
150 阿曼 0.31
151 卡塔尔 0.27
152 伊朗 0.26
153 阿尔及利亚 0.26
154 巴林 0.26
155 科威特 0.25
156 土库曼斯坦 0.22
157 沙特阿拉伯 0.16
158 利比亚 0.12
159 叙利亚 0.06
160 委内瑞拉 0.01
0.0
0.5
1.0
1.5
2.0
2.5
3.0
美元/升

第三章　电力行业财税政策问题研究

电力工业是国民经济与社会发展的重要基础性行业，其发展状况直接关系到国计民生。为了支持我国电力工业发展，新中国成立以来尤其是改革开放以来，我国政府和相关职能部门根据电力工业发展的现实需求出台了一系列政策举措，有力地促进了电力工业发展。进入21世纪以来，在世界电力市场化改革趋势的带动下，为了改变我国长期以来计划经济体制固有弊端和电力工业垄断低效的局面，我国推动了包括厂网分离、竞价上网等举措在内的电力体制机制改革，改革取得了显著成效，装机容量和发电量均呈现出大幅提升的态势，2000—2013年，装机容量年均增速达到10.2%；2011年全社会发电量超过美国成为世界第一，达到4.47亿万千瓦时。然而，在环境规制越发严厉的情况下，我国以煤为主的电源结构面临转型压力，新能源电力发展急需政策支持。财税政策作为国家治理能力的重要体现和促进产业发展的重要调控手段，电力工业的发展自然与其密不可分，本章在梳理已有电力行业的财税政策的基础上，分析其存在的问题，结合电力未来发展的趋向，提出财税支持电力工业发展的建议。

一　现行电力行业的财税政策

从纳税对象来看，在我国，企业是主要的纳税主体。我国的税种结构主要是以流转税为主，使得应征对象承担的税种结构也主要是以流转税为主，具体而言，电力行业的主要税种为增值税、营业税、企业所得税、土地使用税和房产税，以及根据流转税（主要为增值税）缴纳的教育费附加、城市维护建设税、地方教育基金和其他地方征收的价格调节基金等费用。从财税改革和电力企业自身特性来看，近年来，积极推进的增值税转型、内外所得税统一和“营改增”对其明显具有减负的效用，使得电力行业整体发展税制环境得到有效改善。由于电力行业不同，电源结构性存在生产、运营和技术的差异性，其承担的税种虽有一致性，但却存在差异性，本部分对此进行分析。

（一）火电企业主要税费和税负情况

整体来看，火电企业承担的税费类型主要为增值税、所得税、城建税及教育费附加、营业税、房产税、土地使用税，以及其他应交税金。从税负情况来看，以国内某电力企业为例（见表3－1），其2013年不同税费类别承担的税负情况存在差异，但主要的税负为增值税和所得税。从电力板块情况来看，火电部分业务承担的增值税税负为6.4%，所得税税负为1.6%，火电整体经营税负为10.0%；水电因无法进行增值税抵扣，增值税税负更是高达16.3%。由于混业的经营状态，使得集团企业最终承担的增值税税负为6.4%，所得税税负达到1.6%，其他税负为1.4%，即经营税负达到9.4%，扣除固定资产抵扣后，实际经营税负为7.3%（见表3－1），略低于企业营业利润0.2个百分点。

表3－1 2013年某电力企业实际税负情况

税种	2013年税负
增值税（生产型）	6.4%
所得税	1.6%
其他税负：	1.4%
城建税及教育费附加	0.5%
营业税	0.2%
房产税、土地使用税	0.3%
其他应交税金	0.4%
经营税负	9.4%
采购固定资产抵扣增值税	－2.1%
实际经营税负	7.3%

（二）水电企业主要税费和税负情况

水电建设周期长、牵涉面广、环节多，在建设及运行过程各环节的许多项目都要缴纳各种税费。同时，由于电力建设期和运行期承担税费不同，基于未来水电发展的趋势，这里对水电建设期和运行期所涉及的主要税费情况进行整理，具体内容如表3－2所示。

表 3－2　　　水电建设期和运行期涉及的税费情况

税费		税费性质	税率
水电建设期	营业税	地税	3%（建筑及安装）、5%（设计、监理）
	设备、材料增值税	共享税	17%
	企业所得税	共享税	25%
	城市维护建设税	地税	7%、5%、1%
	教育费附加	地税	3%
	地方教育费附加	地税	1%
	印花税	地税	0.3‰、0.5‰
	资源税	地税	0.5—20 元/吨或立方米
	耕地开垦费	政府性基金	征地成本的 1 倍
	耕地占用税	地税	
	森林植被恢复费	政府性基金	
	河道采砂管理费	政府性基金	
	车船使用税	政府性基金	
水电运行期	增值税	国税（共享税）	17%
	企业所得税	国税	25%
	水资源费	政府性基金	各省税费标准不同
	大中型水库库区基金	政府性基金	0.008 元/千瓦时
	城市维护建设税	地税	7%、5%、1%
	教育费附加	地税	3%
	地方教育费附加	地税	1%

资料来源：杨卫等（2012）。

从经营期的税负情况来看，我国虽然对水电基于不同规模的分类，来征收增值税，其中，小型水电 2014 年统一为 3%，大中型水电为 17%，然而，相比于火电可以对进项采购的原料进行抵扣，使其税负大幅下降，水电则因无法抵扣或“营改增”范围并没有涉及水电消费的上游服务环节，使得其税负比例较高已是不争事实。杨卫等（2012）指出，水电项目由于无进项税额可供抵扣，实际水电增值税税负负担率接近 17%，比火电高 7—11 个百分点，将会带动寄生在增值税上的地方教育附加、教育费附加和城建税的大幅增加，使其整体税负水平提高。从上述某电力集团的不同业务板块税负情况来看（如表 3－3 所示），也基本上验证了这一较高的税负比例（16.3 - 7.2 =9.1）。从整体税负情况来看，水电的经营税负明显高于火电，达到23.5%，同行业比较来看，以三峡水电集团为例（数据来源于公司2013年年报），2011年经营税负为26.6%；2012年为27.6%，2013年为26.2%，年均25%以上的税负水平充分表明了当前我国水电企业总体税负较重的现实。

表3-3 某集团公司火电和水电税负情况比较

业务	增值税负	所得税负	其他税负	2013年度经营税负
火电	7.2%	1.8%	1.0%	10.0%
水电	16.3%	1.6%	5.6%	23.5%

（三）电网企业主要税费和税负情况

电力从生产到销售需要两个关键环节的同时配合，一是电力生产，二是电力供应。电网是电力供应的载体，在销售电价由政府指导定价的情况下，其缴纳的税费和承担的税负大小直接决定输配电价格水平和企业持续盈利能力。虽然我国电网企业可以分为跨区域经营的国家层面的国家电网公司和南方电网公司与地方独立电网企业，但其作为纳税人的主体地位时期承担的税费类型并没有太大的差异，即使对于具体特殊类型的电源——自备电厂，其发电通过电网而发生的服务增值仍需要缴纳对应的税种。具体在政策规定上，明确指出对供电企业向并入电网的自备电厂生产的电力产品进行电力调压而收取的并网服务费征收增值税（国税函〔2009〕641号）。根据资料的获得性，这里以国家电网公司为例来看其缴纳的主要税费和承担的税负情况。

从图3-1可以看出，电网公司缴纳的主要税费与发电企业并没有明显的差异，从缴纳的主要比重来看，增值税明显处于主导地位，占了近62%的比重；其次为所得税，这一直接税的比重达到了20.67%。两项税种纳税比重占了80%以上，充分显示出我国电网企业税负的集中性。一方面，从电网经营的自身属性来看，其作为提供电力供应服务的企业主体，缴纳的增值税与其购销价差直接相关（在输入和输出电量一定的情况下）；另一方面，也意味着在销售电价没有放开的情况下，企业变相地承担了相应的税负。从2013年电网公司税负情况来看，增值税税负（增值税额/主营业务收入）为3.98%，所得税税负（所得税额/利润总额）

为26.64%。比较表3－4，可以知道电网企业的增值税税负明显较低。为了促进电网等公共基础设施项目的投资和保证电力供应能力，2008年出台的《公共基础设施项目企业所得税优惠目录（2008年版）》明确指出，对于由国务院投资主管部门核准的330千伏及以上跨省及长度超过200千米的交流输变电新建项目、500千伏以上直流输变电新建项目、由省级以上政府投资的电网（输变电设施）新建项目的投资经营所得按25%的统一所得税税率征收，从取得收入年份起，享受"三免三减半"（1—3年免征，4—6年按12.5%所得税率），第六年以后按25%税率征收。

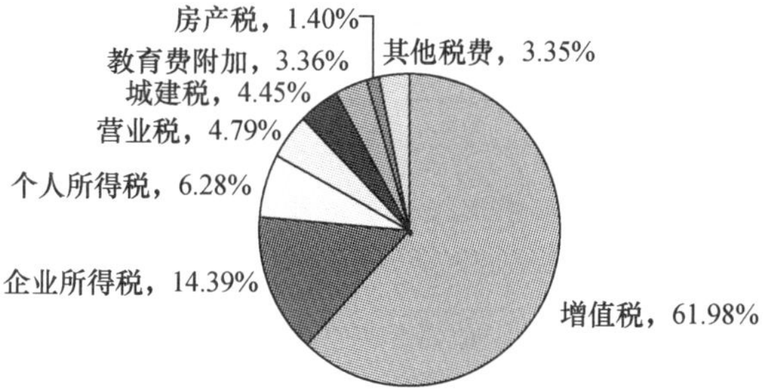

图3－1　2013年国家电网公司税费构成情况

（四）新（或可再生）能源发电的财税支持政策

如前所述，推动能源的绿色化、清洁化转型是当前与未来的重点工作，国家能源局局长在"十三五"规划上的讲话明确提出要在执行更严格能效环保标准的前提下，到2020年力争使煤炭占一次能源消费比重下降到62%以内，风电和光伏发电装机分别达到2亿千瓦和1亿千瓦以上，与此同时，积极发展水电和安全发展核电，使得非化石能源发电装机大幅提升。因此，为了加快推进能源结构优化和绿色清洁现代能源体系建设，国家各个部门都出台了相应的政策来促进可再生能源供应能力和化石能源高效清洁利用。同样，作为新能源型企业其生产和经营缴纳的税种与其他企业没有实质差异，主要差异体现在财税的优惠政策上，尤其是可再生能源发电和亲环境性（节能减排）的"绿色"电厂发展受到明确的财税优惠政策支持（如表3－4所示）。

从已有政策的梳理来看，增值税和所得税优惠成为主要的基于经济激励的策略手段。增值税和所得税的优惠，使得新能源发电的整体税负水平明显低于其他类型电源企业，以天然气为例，即使不能出现增值税的完全抵扣，其实际的增值税税负水平只有8%左右（由于天然气进项税率13%，发电销项税率17%，天然气发电税负在8.2%左右）。从表3－4不难发现，即征即退的税收优惠将给予新能源发电更大的发展契机。为了积极发展水电，2014年我国陆续出台了针对不同规模水电站的优惠增值税政策，对小型水电企业实行将6%和4%的两档增值税征收率统一调整为3%的优惠规定；对大型水电企业的增值税实行规范与统一，并分时期对增值税实际税负超过8%和12%的部分实行即征即退政策。与此同时，除了税收优惠政策外，我国也相继推出专项资助或补助资金、政府性基金免征、加大相关支持产业生产环节补贴的其他财政政策。其中最为显著的是2013年以来，出台了一系列促进太阳能发电的措施，突出体现在免征4项政府性基金和对分布式光伏发电项目按电量给予补贴上；一些地方在实践中，先积极创新政策，如实施固定上网电价政策。与此同时，也通过政策支持新能源设备创新和研发，如自2008年5月1日起，对新批准的内、外资投资项目进口单机额定功率不大于2.5兆瓦的风力发电机组一律停止执行进口免税政策。该新出台的税收政策表明了国家对国产风电企业的扶持态度（宋艳霞，2010）。

表3－4　我国针对电力企业和技术设备的税收及相关政府性基金等收费优惠政策

主要税种	电源类型与设备特点	政策与优惠内容
增值税	风力发电	2008年《关于资源综合利用及其他产品增值税政策的通知》，实行即征即退50%（减半征收）的政策①
	资源综合利用	以垃圾（指城市生活垃圾、农作物秸秆、树皮废渣、污泥、医疗垃圾）为燃料生产的电力或者热力（包括利用垃圾发酵产生的沼气生产销售的电力或者热力）（财税〔2009〕163号）实行增值税即征即退的优惠政策；对以煤矸石、煤泥、石煤、油母页岩为燃料生产的电力和热力实行即征即退50%的政策

① 增值税政策实际上并没有对风电的特殊优惠，无论是增值税税率优惠到8.5%，还是固定资产的增值税抵扣，均未能体现出风电比火电的税负更轻，相反税负却更高，与特别鼓励风电的政策初衷不相符（宋艳霞，2010）。

续表

主要税种	电源类型与设备特点	政策与优惠内容
增值税	小型水电企业（新规定）	县以下地方电力公司，既经营小型水力发电，又有转售电业务的纳税人按照6%的征税率全额计税，或者按消费型增值税17%税率计税；同时经营小型水力发电、火力发电和转售电业务的，一律适用17%的税率
		财政部、国家税务总局联合发布《关于简并增值税征收率政策的通知》（财税〔2014〕57号），决定简并和统一增值税征收率，自2014年7月1日起，将6%和4%的两档增值税征收率统一调整为3%。其中，涉及的纳税人有县级及县级以下小型水力发电单位生产的电力
增值税	大型水电企业（新规定）	《关于大型水电企业增值税政策的通知》（财税〔2014〕10号）指出，为支持水电行业发展，统一和规范大型水电企业增值税政策[①]，实行的优惠政策如下：装机容量超过100万千瓦的水力发电站（含抽水蓄能电站）销售自产电力产品，自2013年1月1日起至2015年12月31日，对其增值税实际税负超过8%的部分实行即征即退政策[②]；自2016年1月1日起至2017年12月31日，对其增值税实际税负超过12%的部分实行即征即退政策
	核电企业	15个年度内，统一实行增值税先征后退政策，返还比例分三个阶段逐级递减：5年内，75%返还；6—10年内，70%；11—15年内，55%；15年后不再执行
	光伏发电	《关于光伏发电增值税政策的通知》（财税〔2013〕66号）自2013年10月1日至2015年12月31日，对纳税人销售自产的利用太阳能生产的电力产品，实行增值税即征即退50%的政策

① 关于大型水电企业增值税政策的通知中，《财政部国家税务总局关于三峡电站电力产品增值税税收政策问题的通知》（财税〔2002〕24号）（8%的即征即退政策）、《财政部国家税务总局关于葛洲坝电站电力产品增值税政策问题的通知》（财税〔2002〕168号）（8%的即征即退政策）、《财政部关于小浪底水利工程电力产品增值税政策问题的通知》（财税〔2006〕2号）、《国家税务总局关于黄河上游水电开发有限责任公司电力产品增值税税收政策问题的通知》（国税函〔2004〕52号）自2014年1月1日起废止。

② 这项政策最早源于《关于三峡电站电力产品增值税税收政策问题的通知》（财税〔2002〕24号），《通知》强调，三峡电站发电之日起，对电力产品的增值税税收负担超过8%的部分实行即征即退的政策。

续表

主要税种	电源类型与设备特点	政策与优惠内容
所得税	综合利用	2008 年《关于执行资源综合利用企业所得税优惠目录有关问题的通知》指出，企业以所列资源为原材料（见附表 3－1），计算应纳税所得税额时，减按 90% 计入当年收入总额
	核电企业	2008 年起，核电企业取得的增值税退税款专项用于还本付息，不征收企业所得税
	环保节能设备	《环境保护、节能节水、安全生产等专用设备抵免所得税优惠目录》（国税函〔2010〕256 号）
	水力发电、核电站、风力发电、海洋能发电、太阳能发电和地热能发电新建项目	根据《公共基础设施项目企业所得税优惠目录（2008 年版）》和 2008 年《新所得税法》相关规定，按 25% 的统一所得税税率计税，并从取得收入年份起，享受“三免三减半”（1—3 年免征，4—6 年按 12.5% 所得税率），第 6 年以后按 25% 税率计税
关税	技术设备进口	《关于调整重大技术装备进口税收政策的通知》（财关税〔2014〕2 号）规定指出，2014 年 3 月起，对包括大型清洁高效发电设备（三代核电机组、二代改进型核电机组、超超临界参数火电机组、燃气—蒸汽联合循环机组、大型水力发电成套设备、大功率风力发电机组及其配套部件）和超、特高压输变电设备（直流输变电设备和交流输变电设备）免征关税和进口环节增值税
专项资金	火电企业	根据《淘汰落后产能中央财政奖励资金管理办法》，中央财政采取专项转移支付方式给予电力行业主要是装机容量在 5 万千瓦以上的火电机组落后产能专项补偿资金，实施时间从 2013 年 1 月 1 日起。地方政府形成相关规定，如《山西省淘汰落后产能专项补偿资金管理办法》对包括电力行业在内的落后产能进行补偿
	可再生能源发电	自 2006 年 1 月 1 日起，中央财政对可再生能源开发利用的科学技术研究、应用示范和产业化发展给予补贴。2006 年 5 月《可再生能源发展专项资金管理暂行办法》① 印发，中央财政设立专项资金，采取无偿补助和贷款贴息两种措施重点扶持发电等可再生能源的开发利用，其中重点扶持风能、太阳能、海洋能等发电的推广应用；资助偏远地区和海岛（普遍性服务）可再生能源独立电力系统建设

① 根据《办法》，可再生能源发展基金包括国家财政公共预算安排的专项资金（可再生能源发展专项资金）和依法向电力用户征收的可再生能源电价附加收入等。

续表

主要税种	电源类型与设备特点	政策与优惠内容
专项资金	对可再生能源电价附加补助资金	对可再生能源发电（指大型风力发电、生物质能发电、太阳能发电、光伏电站、地热能发电和海洋能发电等）企业上网电量、可再生能源发电接网工程项目、公共可再生能源独立电力系统等给予补助
政府性基金	光伏发电（见附表3－2）	2013年《国务院关于促进光伏产业健康发展的若干意见》（国发〔2013〕24号）规定，对分布式光伏发电自发自用电量免收可再生能源电价附加、国家重大水利工程建设基金、大中型水库移民后期扶持基金、农网还贷资金4项针对电量征收的政府性基金
电量补贴	分布式光伏发电	2013年财政部《关于分布式发电实行按照电量补贴政策等有关问题的通知》（财建〔2013〕390号）指出，国家对分布式光伏发电项目按电量给予补贴，补贴资金通过电网企业转付给项目单位。享受金太阳示范工程补助资金、太阳能光电建筑应用财政补助资金的项目不属于分布式光伏发电补贴范围；光伏电站执行价格主管部门确定的光伏发电上网电价，不属于补贴范围

（五）针对电力行业的相关收费和（缴纳或代征的）政府性基金项目

1. 相关的行业收费

当前存在于电力行业的收费项目有明确规定或有征收依据的主要为以下几项：针对火电企业征缴的二氧化硫排污费，针对水电企业的水资源费和针对电网企业征收的电力监管费（见表3－5）。从征收的用途上来看，这些收费项目有明确的支出功能，如水资源费主要用于水资源的保护和合理开发，同当前存在的一些政府性基金项目，如三峡水库基金并没有出现交叉，征收的来源也有所不同，前者是对水电企业征收，后者是对电力用户征收的。从各个地方实际征收的情况来看（如表3－6所示），各个地方征收的标准存在差异，反映了地方征收的自由裁量权。然而，当前争议最大的就是对电力企业征收的地方价格调节基金这项收费，1998年的《价格法》规定，政府可以设立价格调节基金，然而，在实际执行中，无论“设立就是征收”还是“设立不征收”，各个地方政府存在不同解读，许多地方对价格基金的筹集方式是“多渠道”的，很容易造成乱摊派、收取的乱象，曾被财政部以“乱收费”的名义叫停，甚至目前财政部门内部仍然将其定性为“地方政府违法违规越权成立的政府基金”。长江电力公司2013年缴纳的价格基金情况，较好地凸显了这一乱象，其位于四川省的分公司按照销售收入的0.07%缴纳地方价格调节基金，而其总公司却需要向湖北省缴纳应交流转税额1%的价格调节基金。这就造成企业背负了太多的不合理隐性税负，对企业的治理结构和跨省区经营造成严重的影响。基于此，亟须对其清理整顿。

表3-5　当前对电力企业存在的非税征收（收费和基金）项目情况

收费项目	具体收费目录	政策与收费内容	分配与用途
排污费	二氧化硫排污费	《排污费资金收缴使用管理办法》(2003) 规定，装机容量30万千瓦以上的电力企业征收二氧化硫排污费	10%作为中央预算收入缴入中央国库，列入中央环境保护专项资金管理；90%作为地方预算收入，缴入地方国库，列入地方环保专项资金管理
资源费	水资源费	《关于三峡电站水资源费征收使用管理有关问题的通知》（财综〔2011〕19号)，2009年9月1日起，中国长江电力股份有限公司缴纳水资源费	重点用于三峡库区及三峡大坝下游水资源节约、保护和管理，也可以用于相关地区水资源的合理开发
电力监管费	电力监管费	《国家发改委、财政部关于电力监管费税费标准及有关问题的通知》（发改价格〔2005〕1851号)，对纳入电监会监管范围的电网企业和电网统调发电企业收取	

续表

收费项目	具体收费目录	政策与收费内容	分配与用途
地方价格调节基金①		征收标准不同，广东、内蒙古等省区主要由部分垄断行业经营者缴纳，福建、山西等省则是面向所有经营者征收。征收额度各地也不同，多以缴纳义务人实际缴纳的增值税、消费税、营业税（流转税）的税额（合计）为计征依据，征收率为1%	存废意见不一

表3－6　各省对水电站运行期征收的水资源费情况

省份	标准（元/千瓦时）	文件	执行时间
云南	0.01/0.007/0.004（按电站规模大、中、小型）	云南省财政厅、发改委、水利厅、地税局《关于对在滇电力企业全面征收水资源费办法》	2004.7.1
贵州	0.001	贵州省《水资源费征收管理办法》	1992.2.1
四川	0.0025	四川省政府办公厅《关于水资源费征收标准》的通知	2005.7.1
重庆	0.001	重庆市人民政府《关于征收在渝发电企业水资源费的通知》	2004.12.1
陕西	0.003	陕西省物价局、财政厅、水利厅《关于重新核定水资源征收标准的通知》	2005.9.1
甘肃	0.005/0.003（大中型）	甘肃省《水资源费征收管理办法》	2004.1.1
宁夏	0.001	自治区物价局、财政厅《关于核定我区水资源费标准及有关规定的通知》	2004
湖北	0.0015	湖北省《水资源费征收管理办法》	1997.1.7
湖南	0.01（按发电量征收）	《湖南省取水许可和水资源费征收管理办法》	2003.7.1

资料来源：杨卫等（2012）。

① 根据《中华人民共和国价格法》，“政府可以建立重要商品储备制度，设立价格调节基金，调控价格，稳定市场”。地方大多解读为“价格调节基金是国务院授权地方政府多渠道筹集（很容易乱摊派、乱收取）用于调控生活必需品等重要商品价格的专项资金”。征收标准各地也不同，多以义务人实际缴纳的增值税、消费税、营业税（流转税）的税额（合计）为计征依据，征收率为1%；价格调节基金起源于1988年国务院建立的副产品价格基金（价格闯关期，为平抑副食品价格设立的基金）。目前，资金来源差异较大，北京、上海、江苏、浙江等省市通过财政预算安排，并不向社会征收，而其他省份直接向社会和企业征收；征收标准不同，广东、内蒙古等省区主要由部分垄断行业经营者缴纳，福建、山西等省则是面向所有经营者征收。

2. 政府性基金及附加——电价“加价”

政府性基金是指各级政府及其所属部门根据法律、行政法规和中共中央国务院有关文件规定，为支持某些公共事业发展，向公民、法人和其他组织无偿征收的具有专项用途的财政资金，其往往根据现实的需求而定，即根据经济的大环境来设立主要用来支持某些特定产业或事业发展（王为民，2007）。[①] 由于电力企业的资本密集型特点和电力商品的公益属性，高额的投入需要全社会的支持。与此同时，根据公共产品“谁受益、谁支付”的供给原则，电力行业的建设与发展需要享受电力服务的消费者承担对应的建设成本。因此，为了保障我国电力工业的快速发展，基于电力公益性发展（农网还贷）和电源结构的清洁化推进，以及相关的电力开发引起的社会经济生态环境等外部性问题均需要资金治理的情况下，适当地、合理地征收电力基金既十分必要，也非常重要。整体来看（如表3-7 所示），我国的电力政府性基金主要由终端消费者承担，其他由电力经营企业承担，从电价构成上看，许多基金被纳入电价加价中，最后由电网企业统一征收。从构成来看，全国政府性基金及附加主要有 5 项，即国家重大水利工程建设基金[②]、大中型水库移民后期扶持基金、农网还贷资金、可再生能源电价附加[③]、城市公用事业附加。从动态的角度看，政府性基金是各级人民政府及其所属部门以其设立、征收、管理及支出等行为来达到特定公共政策目的的财政行为，包括政府性基金的设立、征收、管理及支出（胡兰玲等，2014）。[④] 由于政府性基金功能的针对性较强，这就意味着其具有明显的时效性，如果其“使命”完成，就应该顺时退出，

---

① 王为民：《我国政府性基金及附加收入规范管理研究》，《改革与战略》2007 年第 12 期。

② 《财政部关于征收国家重大水利工程建设基金有关问题的通知》规定，重大水利工程建设基金征收标准为 7 厘/千瓦时。《可再生能源发展基金征收使用管理暂行办法》规定，可再生能源电价附加征收标准为 8 厘/千瓦时。

③ 政策依据：（1）财政部《关于印发〈大中型水库移民后期扶持基金征收使用管理暂行办法〉的通知》（财综〔2006〕29 号）。（2）财政部、国家发展改革委、水利部《关于印发〈国家重大水利工程建设基金征收使用管理暂行办法〉的通知》（财综〔2009〕90 号）。（3）财政部、国家税务总局《关于免征国家重大水利工程建设基金的城市维护建设税和教育费附加的通知》（财税〔2010〕44 号）。（4）财政部《关于征收国家重大水利工程建设基金有关问题的通知》（财综〔2010〕97 号）——注：对国家重大水利工程建设基金免征城市维护建设税和教育费附加。（5）财政部、国家发展改革委、国家能源局《关于印发〈可再生能源发展基金征收使用管理暂行办法〉的通知》（财综〔2011〕115 号）。

④ 胡兰玲、曹玉雯：《我国政府性基金设立制度研究——以国家重大水利工程建设基金为视角》，《河北法学》2014 年第 2 期。

目前，我国已经停征了电力建设基金和三峡工程建设基金。近年来，为了推进可再生能源发展，政府实时推出了可再生能源电价附加，以用来支持可再生能源发电和开发利用活动，以及作为相关补助资金。地方征收的基金项目主要为城市公用事业附加费，用来解决电力照明等公共服务资金不足的问题。然而，由于政府性基金征用信息（资金规模、使用途径、结余情况等）不公开，加之随意的“转向另立”（退出、推出的不规范和不透明等①）遭到社会公众的质疑，如从 2010 年 1 月 1 日起，三峡基金已随三峡工程基本完工而停止征收，但为其筹资的电价附加并未取消，继续以新设立的国家重大水利工程建设基金的名义征收，征收期为 10 年，其用途包括“解决三峡工程后续问题”。

根据其定义，设立者应于相当时间之后，积极检讨实际状况，确定是否变更、废止和继续保持。总体来看，我国目前征收的政府性基金具有明确的目的和阶段性特征，一方面表现在其征收时间的“有限性”，另一方面表现为其支出目的主要是用来推动我国电力开发与电力公益性的发展。换言之，是用来解决重大电力开发项目的民生事业（包括引致的政治经济生态等外部性问题）或为电力普遍服务项目提供资金支持。从趋势上来看，随着一些支持电源开发地区民生事业的基金退出，用来支持可再生能源或促进电源清洁化这一重要目的的基金会成为新时期征收的重点。

表 3－7　　　　征收的政府性基金一览表②

基金	征收方式与目的	起征与废止情况
电力建设基金	向电力用户（除规定减免外的全社会用电量）征收的专门用于电力建设的资金，每千瓦时电 2 分	“九五”期间执行，即 1996 年 1 月 1 日起执行，2000 年 12 月 31 日止；从 2001 年起每千瓦时电 2 分并入电价，其收入专项用于解决农村电网改造还贷问题

① 仅通过“规定程序批准”而非“法定程序设立”便可以征收政府性基金，既不能必然地使政府性基金具有合法性，也不能体现出政府性基金中财产权利与财政权力的平衡（胡兰玲等，2014）。

② 鉴于对电力行业征收的基金较多，研究指出可以通过基金归并的方式来处理，朱柏铭（2012）认为，大中型水库移民后期扶持基金、大中型水库库区基金、三峡水库库区基金、小型水库移民辅助基金等都是对电力消费征收的，可以合并，并征收电力消费税。

续表

基金	征收方式与目的	起征与废止情况
农网还贷资金	是对农网改造贷款“一省多贷”（贷款由多个电力企业承贷）的省、自治区、直辖市电力用户征收的政府性基金，专项用于农村电网改造贷款还本付息；按每千瓦时电 2 分征收①	《农网还贷资金征收使用管理办法》（财企〔2001〕820 号）执行时间暂定 5 年，即从 2001 年 1 月 1 日至 2005 年 12 月 31 日止；2006 年根据财政部《关于处理 18 项到期政府性基金政策有关事项的通知》（财综函〔2006〕1 号）和财政部《关于农网还贷资金征缴工作有关问题的通知》继续按原办法征收。2011 年发改委《关于实施新一轮农村电网改造升级工程的意见》中强调要完善农网还贷资金管理，继续执行每千瓦时电加收 2 分的农网还贷资金政策。最后将随一省一贷体制全面建立相应取消
三峡工程建设基金	按全国销售电量附加征收，专项用于支持三峡工程建设（0.7 分/千瓦时）	2009 年 12 月 31 日停征
大中型水库移民后期扶持基金	按全国销售电量加价征收等方式筹集，专项用于扶持大中型水库移民解决生产生活问题	
大中型水库库区基金	按大中型水库实际上网销售电量计征；专项用于支付库区及移民安置基础设施建设、经济发展和移民生产生活设施维护等	
三峡水库库区基金	按照三峡电站实际上网销售电量计征；专项用于三峡库区及移民安置区基础设施建设、经济发展和移民生产生活设施维护等	

① 农网还贷资金减免范围：（一）农业排灌、抗灾救灾及氮肥、磷肥、钾肥和原化工部颁发生产许可证的复合肥生产用电免征农网还贷资金；（二）自备电厂自用电量免征农网还贷资金；（三）国有重点煤炭企业生产用电、核工业铀扩散厂和堆化工厂生产用电农网还贷资金暂按每千瓦时用电量 3 厘钱标准征收。

续表

基金	征收方式与目的	起征与废止情况
国家重大水利工程建设基金	按全国销售电量（扣除国家扶贫开发工作重点县农业排灌用电）附加征收，专项用于南水北调工程建设、解决三峡工程后续问题以及加强中西部地区重大水利工程建设（1.292 分/千瓦时）	自 2010 年 1 月 1 日起征收，2019 年 12 月 31 日停征。财政部、国家发改委和水利部发布经国务院同意的《国家重大水利工程建设基金征收使用管理办法》规定："三峡工程建设基金向重大水利基金平稳过渡，保持三峡工程建设基金现行征收政策基本不变。"
城市公用事业附加费（电力附加费）	由电力部门随销售电价收取（销售电价价内附加，按省物价部门核定征收），是地方财政非税收入的组成部分（按属地征收，存在差异，各个地方不一致，如关于自备电厂），用以支持城市公共照明建设、维修和日常维护等良性发展，向（城市的）工业、民用照明等单位和个人无偿征收的财政性资金	1964 年 1 月 1 日起征（注：征收公用事业附加的城市，只限于经国务院批准设市的城市，县镇一律不准征收）
核电站乏燃料处理处置基金	按投入商业运行 5 年以上压水堆核电机组的实际上网销售电量征收，专项用于乏燃料处理处置；征收标准为 0.026 元/千瓦时	2010 年 10 月 1 日起征收
可再生能源电价附加	在除西藏自治区以外的全国范围内，对各省、自治区、直辖市扣除农业生产用电（含农业排灌用电）后的销售电量征收（标准为 0.8 分/千瓦时，可适时调整）；用于可再生能源发电和开发利用活动，以及相关补助（如偏远地区和海岛可再生能源独立电力系统建设；补助范围：电网企业收购可再生能源电量所发生的费用（高于按照常规能源发电平均上网电价计算所发生费用之间的差额）；电网企业为收购可再生能源电量而支付的合理的接网费用以及其他合理的相关费用，不能通过销售电价回收的部分。国家发改委决定自 2013 年 9 月 25 日起将可再生能源电价附加征收标准提高至 1.5 分/千瓦时，将燃煤发电企业脱硝电价补偿标准由每千瓦时 0.8 分提高至 1 分；对燃煤发电企业除尘成本予以适当补偿，除尘电价补偿标准为 0.2 分/千瓦时。资金用于对于包括风力发电（上网电价高于火电部分）在内的可再生能源价格进行分摊	

续表

基金	征收方式与目的	起征与废止情况
山西省电源基地建设基金	在销售电价中征收，专项用于将对外输煤转变为对外输电，建设绿色能源基地	
小型水库移民辅助资金	按省级电网扣除农用电之后的销售电量计征，专项用于解决小型水库移民困难问题	

从各个省市区政府性基金及附加的征收水平来看（见表3－8），地区间存在明显的差异，其中山西、上海和陕西三个省市的水平最高。作为一种电价加价，其在终端销售电价的比重也存在差异，其中最高的为山西和陕西，占比在10%以上，最低的为贵州，比重仅为1.56%。

表3－8　2010年各个省（市、区）电力基金及附加占平均销售电价的比重情况

省（市、区）	政府性基金及附加平均水平（元/千千瓦时）	平均销售电价（元/千千瓦时）	比重（%）
北京	41.29	703.78	5.87
天津	37.45	606.53	6.17
河北（北网）	16.15	478.50	3.38
河北（南网）	11.25	518.92	2.17
山西	54.24	452.31	11.99
山东	21.47	557.13	3.85
内蒙古（西部）	32.64	452.84	7.21
内蒙古（东部）	26.55	435.04	6.10
辽宁	23.13	596.23	3.88
吉林	32.85	541.69	6.06
黑龙江	14.94	531.92	2.81
陕西	51.93	488.8	10.62
甘肃	10.22	389.53	2.62
宁夏	12.51	411.12	3.04
青海	13	333.10	3.90
新疆	10.12	472.78	2.14
上海	53.87	720.13	7.48
江苏	25.39	597.80	4.25

续表

省（市、区）	政府性基金及附加平均水平（元/千千瓦时）	平均销售电价（元/千千瓦时）	比重（%）
浙江	30.48	625.03	4.88
安徽	21.77	534.29	4.07
福建	22.83	536.48	4.26
湖北	37.90	584.87	6.48
河南	26.63	477.54	5.58
湖南	47.13	558.33	8.44
江西	19.84	573.44	3.46
四川	30.57	493.12	6.20
重庆	48.38	558.56	8.66
广东	36.27	706.69	5.13
广西	32.90	495.06	6.65
云南	19.05	406.75	4.68
贵州	6.47	415.45	1.56
海南	29.50	682.02	4.33
西藏	17.37	624.90	2.78

注：表中数据经过四舍五入处理。

资料来源：根据电监会《2010年度电价执行及电费结算情况通报》相关数据计算所得。

由于政府性基金及附加是一种电价加价，从终端消费者的视角来看，相比企业直接使用自身的自备电厂的发电价格①，其他电力用户将承担不公平的电力成本，使得企业间的要素投入成本出现差异，为了避免这种状况，同时规范自备电厂规范健康清洁化的发展，国家分步并通过逐步扩大征收范围的方式（纳入热电联产和余热余压发电项目）对不同发电类型的自备电厂实施加征电力基金及附加的政策（如表3-9所示）。这一扩围举措，对于形成规范的统一电价体系具有重要现实意义，即是从消费主体来看，不存在任何优惠的电价差别，使相互之间要素投入成本保持公平。然而，也应看出，基于对新能源发展的重点支持，对分布式光伏发电

① 按照公平竞争的原则，应该把自备电厂与统配电厂公平对待，不能厚此薄彼，企业的自备电厂与统配电厂一样应该承担社会公共责任。对自备电厂征收三项费用的目的就是限制小电厂发展，促进发电企业间的公平竞争。

自发自用电量实行免征包括可再生能源电价附加等在内的4项基金。

表3－9 分布式与自备电厂（重新）收费（政府性基金及附加）规定

征收地区	政策规则	征收费用项目及额度标准
山东等华北地区	《国家发展改革委关于疏导华北电网电价矛盾有关问题的通知》（发改价格〔2004〕1036号）	向企业自备电厂征收三峡基金、农网还贷基金、城市公用事业附加费等政府性基金和附加费。北京地区对自备电厂征收三峡基金每千瓦时0.7分，农网还贷基金每千瓦时2分，城市公用事业附加费每千瓦时1.8分，每千瓦时一共征收4.5分；山东省对自备电厂征收合计则为3.7分/千瓦时
广东省	广东省物价局《关于企业自备电厂收费政策有关问题的通知》（粤价〔2007〕126号）	除国家鼓励发展的资源综合利用（利用余热、余压发电、煤矸石发电等）、热电联产自备电厂之外的自备电厂，均应缴纳政府性基金和附加。农网还贷基金每千瓦时2分，三峡工程建设基金每千瓦时0.7分，城市建设附加费每千瓦时1.4分，大中型水库移民后期扶持基金每千瓦时0.83分，合计每千瓦时4.93分
全国	《关于完善差别电价政策的意见》（国办发〔2006〕77号）	《意见》强调，要严格执行对企业自备电厂的收费政策；一是自备电厂自发自用电量要缴纳三峡工程建设基金、农网还贷基金（加价）、城市公用事业附加费、可再生能源附加、大中型水库移民后期扶持基金、地方小水库移民后期扶持基金等政府性基金。二是企业自备电厂与电网相连的，应向接网的电网企业支付系统备用费。对上述收费，各级政府不得随意减免
	财政部《关于征收国家重大水利工程建设基金有关问题的通知》（2010）	资源综合利用（利用余热余压发电、煤矸石发电等）、热电联产的企业自备电厂纳入基金征收范围，各地应按此规定对资源综合利用、热电联产的企业自备电厂征收基金，不得免征
	2013年《国务院关于促进光伏产业健康发展的若干意见》（国发〔2013〕24号）	对分布式光伏发电自发自用电量免收可再生能源电价附加、国家重大水利工程建设基金、大中型水库移民后期扶持基金、农网还贷资金4项针对电量征收的政府性基金

（六）电价政策——电价的“税收”功能

我国的电力企业承担的税费不限于上述的内容，近年来为了支持电力清洁化、低碳化发展，采取了具有税收调节功能的电价政策，现行的主要有两种，一是旨在抑制高耗能和落后工艺生产的差别电价政策，二是旨在推进电力企业尤其是火电企业加快脱硫脱硝除尘设备安装与更新的环保电价（见表3－10）。电价政策的实施对于发电企业的节能减排起到了积极的促进作用，根据减排目标，“十二五”期间，全国火电行业二氧化硫、氮氧化物排放量将分别削减16%和29%，因此，上述电力价格机制对电厂削减污染物排放具有重大推动作用。然而，差别电价在实施的过程中，也出现了与相关政策不一致的地方，即一些地方继续或通过间接的方式给予限制类和淘汰类企业电价优惠；与此同时，随着大用户直购电的试点推广，一些地区又出现了通过直购方式来执行差别电价的举动，表现在一些高耗能企业为了降低生产成本，希望实现电力直供，因而出现了在当地政府主导下的点对点的电力交易。[①] 此外，通过电价（降价或优惠）来调控企业生产经营行为，无疑增加了电力商品的复杂性，给推进形成电力市场定价机制和电力商品属性的回归增加了困难，进而造成电价成为政府干预市场行为的“工具”。

表3－10　　电价政策

政策	实施目的	实施范围和对象	影响与存在问题
差别电价	《关于完善差别电价政策的意见》（国办发〔2006〕77号）规定：为抑制高耗能产业盲目发展，加快淘汰落后生产工艺和设备，促进结构调整和产业升级；通过对自备电厂实行收费政策，使从电网购电的企业和拥有自备电厂的企业，在同等情况下公平竞争	完善差别电价政策的总体思路是，根据国家产业政策，对允许和鼓励类企业执行正常电价水平，对限制类、淘汰类企业用电适当提高电价。禁止各地擅自对高耗能企业实行优惠电价	《意见》指出禁止各地自行出台优惠电价措施。要求各地一律不得违反国家法律、法规和政策规定，自行出台对高耗能企业实行优惠电价的措施

① 2002年电力改革启动特别是电监会成立后，政府相关部门组织了直购电试点。结果是推行并不顺畅。更多的情况下演变成了政府行为主导下的“优惠电”，特别是对于一些濒临破产的高耗能企业，政府强制电网和发电企业都作出让步。

续表

政策	实施目的	实施范围和对象	影响与存在问题
环保电价	设施升级改造，需要大量的建设资金和运行费用，电价实行的是“政府定价为主、市场调节为辅”的管理体制，以及雾霾的影响，使得加快火电等重点行业脱硫脱硝除尘改造、大幅度减少污染排放成为实现环境空气质量明显改善的奋斗目标，实现“十二五”减排目标和落实“大气十条”措施	我国燃煤发电企业上网电价中已包含脱硫、脱硝、除尘3种环保电价；其中脱硫上网电价补偿为1.5分/千瓦时；脱硝电价补偿为1分/千瓦时；除尘电价补偿为0.2分/千瓦时；同时，根据不同的设施投运率情况进行脱硫电价的扣减①	脱硝电价调整，进一步优化了火电上网电价的组成结构，新增了除尘电价补偿，提高了脱硝电价标准。再加上已有的脱硫电价，在火电上网电价中已初步形成了较为完整的环保电价体系

二　国外电力行业财税政策和电价的税收构成情况

（一）发达国家的税制结构和电价的税收成分

1. 税制结构——以直接税为主

从税制结构上来看，发达国家（主要为OECD国家）主要是以直接税为主，表现在以所得税和社会保障税为主体，2011年占整个税收收入的比重达到59%；相比较而言，对货物和劳务征收的间接税（根据表3-11，即一般消费税、特定消费税和其他税）只有30%多。比较所得税不难发现，在OECD国家中，个人所得税征收比例大于企业所得税，主要原因有两个：一是这些国家为鼓励特定投资（主要是对产业结构的优化升级和对国内落后地区的投资）、刺激经济增长，多在公司所得税上给予优

① （一）脱硫设施投运率在90%以上的，扣减停运时间所发电量的脱硫电价款。（二）投运率在80%—90%的，扣减停运时间所发电量的脱硫电价款并处1倍罚款。（三）投运率低于80%的，扣减停运时间所发电量的脱硫电价款并处5倍罚款。

惠照顾，公司所得税实际税率往往低于法定（名义）税率。二是税率结构差异，表现在企业所得税是采取比例税率，着眼于经济效率；而个人所得税采取累进税率，着眼于公平（李林木，2009）。①

表 3－11　　OECD 国家的税制结构　　单位:%

税种	1965 年	1975 年	1985 年	1995 年	2005 年	2010 年	2011 年
个人所得税	26	30	30	26	24	24	24
公司所得税	9	8	8	8	10	9	9
社会保障税	18	22	22	25	25	26	26
工薪税	1	1	1	1	1	1	1
财产税	8	6	5	5	6	5	5
一般消费税（增值税）	12	13	16	19	20	20	20
特定消费税	24	18	16	13	11	11	11
其他税	2	2	2	3	3	3	3

注：①其他税包括对货物与劳务征收的某些税以及印花税；一般消费税在美国主要指销售税，增值税作为快速成长的收入来源已经在 34 个 OECD 国家中的 33 个实行。

②因数据四舍五入，总计可能大于或小于 100%。

资料来源：OECD：Revenue Statistics 2013.

这样的税制结构很大程度上决定了企业包括能源企业税种结构，以法国电力公司为例，从其缴纳的主要税种来看，主要为所得税、工薪税和能源税，合计占营业收入的 4%—5%（见表 3－12）。

表 3－12　　法国电力公司 2011 年和 2012 年销售收入和税收情况

单位：亿欧元

项目	2011 年	占营收比重（%）	2012 年	占营收比重（%）
营业（销售）收入	653.07	—	727.29	—
所得税	13.36	2.05	15.86	2.18
所得税之外的税收	31.01	4.75	32.87	4.52
工薪税	2.09	0.32	2.21	0.30
能源税	13.96	2.14	14.35	1.97
其他税	14.96	2.29	16.31	2.24

注：表中数据经过四舍五入处理。

① 李林木：《发达国家税制结构的变迁轨迹与未来走向》，《涉外税务》2009 年第 7 期。

2. IEA 国家的电价构成与税收比重

由于公司的混业经营，使得单纯从企业缴纳的税种上无法有效反映电力产品的税收成分，税收的构成最终会反映到电价上，这里对 IEA 国家电价中的税收情况进行分析。从电价结构上来看，国外主要分为两种电价，一是居民家庭电价，二是工业用电电价，由于不存在交叉补贴现象，实际上工业电价一般都低于居民用电价格。从税收占工业电价的比重来看（如图 3－2 所示），IEA 国家消费者承担的电价税负水平存在差异，既有高达 20% 以上的挪威、奥地利等，也有税收比重为 0% 的斯洛伐克、爱尔兰、葡萄牙；从居民电价情况来看（如图 3－3 所示），显然情况发生了变化，整体而言，居民用电电价中的税收成分明显高于工业用电，丹麦的税收比重更是高达 57%，意味着 100 欧元/兆瓦时的居民电价中，税收占到了 57 欧元/兆瓦时，电价中较高的税收比重，意味着可以通过税收来对电力价格进行有效的调控，进而达到相关预期目的。德国的税负比重居于第二位，达到 49%，因此，可以说德国民用电价水平较高，不是因为其发电成本高于其他国家，而是发电相关的其他税费太多，提高了整体价格水平。根据不完全统计，德国居民用电终端价格的 40% 都属于额外费用——从消费税、增值税到特许权费用，以及可再生能源电价附加，甚至还包括在其他国家不多见的热电联产电价附加（与丹麦、奥地利情况的比较），德国经济研究院 2011 年 3 月的报告显示，使用可再生能源电价附加和相应的增值税已经接近居民用电整体费用的 1/6。

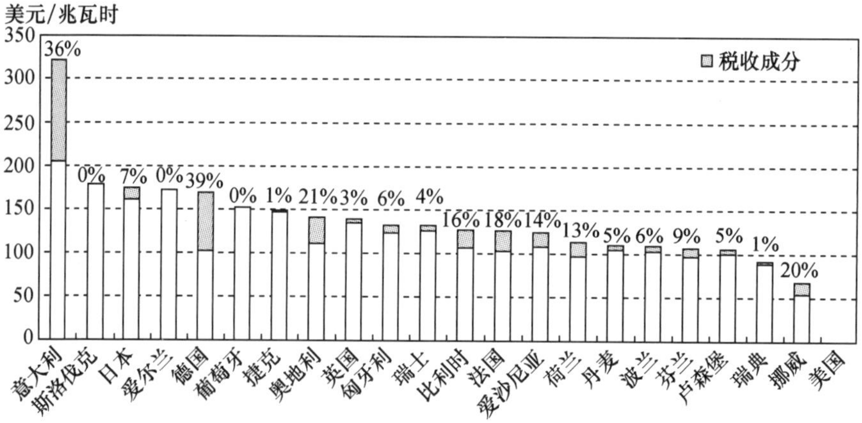

注：美国数据无法获取（IEA，2010）。

图 3－2　2013 年 IEA 国家工业电价和税收构成比重情况

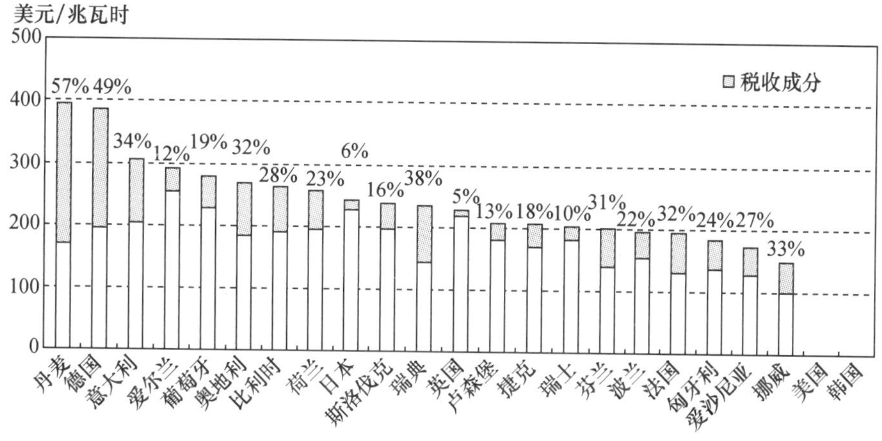

注：美国、韩国数据无法获取（IEA，2014）。

图 3－3　2013 年 IEA 国家居民电价和税收构成比重情况

3. IEA 主要国家电力商品缴纳的主要税费情况

税收比重的差异主要体现在不同税种和相关收费的差异上，为了清晰比较 IEA 国家电力商品承担的主要税费种类，这里对 14 个相关国家进行分析（如表 3－13 所示）。从中可以看出，当前电力商品中包括的需要缴纳的税种主要为特别税、消费税和增值税，并根据工业和居民电价的属性承担不同的税率，整体来看，工业用户承担的税费明显较低，居民用户则较高，从税种上来看，居民用户则基本上都需要缴纳，而工业用户则不然；从收费项来看，当前 IEA 主要国家已基本上不再设置此项内容，目前电力公共服务补偿金只有法国在征收。从节能低碳环保及电力的清洁化趋势来看，不同国家已经征收了可再生能源附加费、环境税、硫税、绿色电价税、生态税，以及针对高电耗行业的消费税等。

表 3－13　　IEA 主要国家电力商品缴纳的主要税费情况

单位：欧元/兆瓦时

国家	商品和服务税*	特别税	消费税	增值税	财政收费和费用（收费）	公共服务补偿金	生态税
澳大利亚	10%（允许进项抵扣）	√（国企分红）	√	√			

续表

国家	商品和服务税*	特别税	消费税	增值税	财政收费和费用（收费）	公共服务补偿金	生态税
奥地利			消费税、市政税、搁浅成本、可再生能源附加费和热电联产附加费[a]	20%			
捷克			√	13%[b]			
丹麦		节能支付、环境税、硫税[c]	工业电价不含此税				
芬兰			工业（6.9）；居民（18.9）	居民	√（预防库存费，0.1）		
法国		地方税（市政和部门税）、绿色电价税[d]		5.5%[e]		√	
德国		特许权费用	√（可再生能源电价附加、热点联产电价附加）	√			居民（20.5）；工业（12.3）
希腊		居民（营业税和印花税）	工业用户，消费税划分为针对不同目的的四个类型（A、B、C、D）[f]	13%			
挪威		（工业和居民均要缴纳的）消费税（consumption tax）（123.9克朗/兆瓦时）	适用于电耗高企业和造纸和纸浆工业	税率地区间和不同时期内不同，全国平均近20%			
意大利		工业：适用于自治地区的省税（provincial tax）；对居民每月消费电量150千瓦时征收地方税（local tax）[g]	工业（12.5）；居民（22.7）	工业（22%）；居民（10%）			
日本		电源开发促进税（375日元/兆瓦时）					

续表

国家	商品和服务税*	特别税	消费税	增值税	财政收费和费用（收费）	公共服务补偿金	生态税
荷兰		天然气发电征收环境保护税；生态税；可再生能源税	能源税（按消费量征收，根据能源价格调整）；能源税折扣（居民）	19%	收费（为发电企业实施节能减排融资，已停止）		√
西班牙		特别税（4.864%）；跨省补偿税（2.1）；市政税（1.5%）；营业税（6%）		适用于居民（21%）			
瑞典		能源税（居民和工业差异）		适用于居民（25%）			

注：*：商品和服务税（Goods and Services Tax）既是增值税的一种，也是销售税的一种，指政府为各种商品和服务所征收的税项。不同于一般的销售税（零售税），商品和服务税并非只由消费者承担，生产商及分销商也需要缴纳这种税项。a：其中工业企业大用户消费税会部分地退还。b：趸售价格不包括增值税，零售价格包括增值税。c：环境税的工业返还比例为25%；硫税目前已停征。d：工业电价：法国2011年1月起对容量小于250千伏安的用户征收市政和部门税（municipal and departmental taxes）；2011年“绿色电价”税开征（消费量250—10000千伏安）。地方税和绿电税都是按税前价格征收。其中地方税对于低压用户（蓝色电价，小于36千伏安）征收的比例为总价格的（total invoice）的80%；中压用户（黄色电价，36—250千伏安）为30%；高压（绿色电价，250千伏安以上）和街道照明则免征地方税。居民用电的特别税：2011年1月起，市政税和部门税根据消费量征收，正确地说，一个单位电量的税额固定在0.75欧元/兆瓦时的话，那么市政税和部门税则分别在单位税额的基础上乘以不同的因子y（其中，市政税的因子为0—8y，部门税为2—4y）。这个因子y随消费者价格指数变化。e：1988年11月1日以来，针对居民用电的两种税率的增值税开征，一种是针对固定价格（fixed charges）的税率（5.5%，大约为账单的30%），另一种是实际消费（actual consumption）的比例税（20.0%）。f：A是能源税，只对工业用户征收；B为煤炭行业重组支持资金；C为领退休金人群和电力行业从业者在电价上的优惠支持；D为热电联产重组费用，目前，增值税不适用于B、C、D分类情况，并偿付给非居民用户。g：省税和地方税目前均已停征。

（二）国外支持“绿电”发展的财税政策

1. 税收支持政策

旨在促进可再生能源发展的税收政策激励已经成为欧盟发展非化石能源资源具体政策的重要组成部分。欧盟能源发展的战略目标就是要实现一个清洁的、安全的和富有竞争性的能源体系。根据 Cansino、Pablo - Romero、Román 和 Yñiguez（2010）① 的研究，目前欧盟旨在促进新能源尤其是“绿电”发展的政策性工具从税制结构上分为直接税和间接税政策（如表 3 - 14 所示），直接税具体表现在为发电厂的投资建设成本提供所得税形式的税收抵扣或减免政策，如在比利时和希腊，对企业进行投资“绿电”生产而发生的费用进行（所得税）免税。从间接税优惠政策来看，增值税实行的国家并不多，欧盟规定增值税的抵扣不得扭曲市场，目前法国允许 5.5% 的抵扣，即当购买与居民建筑条件改善、变动和安装相关的基础材料，并且这些材料融入了太阳能、风能、水电能和生物质能；意大利的抵扣税率为 10%，是对风能和太阳能发电以及“绿电”配电网投资相关的服务和销售进行抵扣。消费税实施的力度比较大，已有 6 个国家把免征消费税作为鼓励新能源电力使用的激励政策。同时，美国继续推进可再生能源支持政策，在 2014 财年的预算案，提出向清洁能源领域倾斜的减税措施，并将可再生能源发电的生产税税收抵免永久化。

表 3 - 14　　欧盟国家支持“绿电”发展的优惠税收政策

国家	直接税			间接税			
	个人所得税	公司所得税	财产税	增值税	消费税	气候变化税	其他税收
丹麦					√		
芬兰							√
法国	√			√			
德国					√		
意大利			√	√			
荷兰							√
波兰					√		
葡萄牙				√			
罗马尼亚					√		
斯洛伐克					√		
瑞典					√		

① Cansino, J. M., Pablo - Romero, M. D. P., Román, R., & Yñiguez, R., “Tax Incentives to Promote Green Electricity: an Overview of EU - 27 Countries”, *Energy Policy*, Vol. 39, No. 10, 2010, pp. 6000 - 6008.

续表

国家	直接税			间接税			
	个人所得税	公司所得税	财产税	增值税	消费税	气候变化税	其他税收
英国						√	
比利时	√	√	√				
捷克	√	√	√				
希腊		√					
卢森堡	√						
西班牙		√	√				

资料来源：根据 Cansino、Pablo – Romero、Románn 和 Yñiguez（2010）整理。

2. 补贴政策

由于可再生能源发电成本和电价较高，相比于化石能源缺乏竞争优势，为了鼓励可再生能源发电，各个国家均采用了补贴政策。补贴政策极大地刺激了社会资本对可再生能源领域的投资热情，并推动了可再生能源的繁荣；然而，补贴也带来了沉重的财政负担，在经济不景气和其他常规能源发电电价下降的情况下，大多数国家开始逐步削减补贴额度（如表 3 – 15 所示）。

表 3 – 15　欧盟国家削减新能源及可再生能源补贴政策

国家	政策	主要内容
捷克	出台终止可再生能源补贴的法案	2014 年起可再生能源电力将不再享有优惠的上网电价补贴
西班牙	削减对可再生能源上网电价的补贴	将可再生能源发电的资金回报率设定为 7.5%
意大利	设定可再生能源补贴限额	每年补贴支出额将限制在 5 亿欧元，累计年度补贴支出上限为 65 亿欧元
保加利亚	大幅削减对太阳能和风电的补贴	连续多次削减补贴
波兰	修正削减可再生能源补贴草案	计划仅对两兆瓦规模以下的光伏电站提供补贴，且光伏项目需间隔 2000 米以上
罗马尼亚	削减可再生能源补贴	减少颁发绿色电力证书，降低发电商购买绿色电力证书的价格上限

资料来源：陈嘉茹、雷越和陈建荣（2014）。

3. 基金支持

为支持节能和可再生能源发展，许多国家建立了征收公益基金制度，公益基金的投入对促进节能和可再生能源发展产生了积极作用。美国加州建立了可再生能源发展公益基金。1998 年，为了保障新形势下的可再生能源发电，在加州《电力重组法》中要求，以强制性形式对电力销售征收电力附加费，并建立公益基金，用来支持本州的可再生能源发电。

为了支持不发达地区和广大农村地区的电力供应服务，美国设立了电力普遍服务基金，并由农村电力合作社负责实施。美国政府一方面为农电合作社提供 30 年长期优惠贷款，用于合作社的电力设施建设，极大地降低了农电合作社的供电成本；另一方面则努力确保农电合作社的电力供应，政府拥有的水电站优先向合作社供应质优价廉的电力。与此同时，鉴于美国城镇及周边地区的电力供应主要由受监管的公用电力公司承担。对公用电力公司普遍服务的监管由各州公用事业监管委员会负责，采取的主要办法是对供电区域内低收入人群进行补助。美国政府制订了专门的低收入补贴计划。以加州为例，低收入家庭享受电费 20% 折扣。①

（三）国外电力行业财税政策的启示

1. 依托成熟的税制结构，基本形成了较为完善的税种体系

总体来看，国外发达国家的税制结构相对比较成熟，从 OECD 国家情况来看，1965 年以来，税制结构的变化并不明显，主要以直接税为主，其中所得税和社会保障税占据近 60%。这一成熟的税制结构也较好地体现在微观企业层面。从企业税负情况来看，基本处于 6%—7% 之间，整体税负水平偏低。与此同时，从电力商品所缴纳的具体税费情况来看，政府性收费项目已基本取消，从 14 个国家的情况来看，针对电力商品征收的税种主要集中在特别税、消费税和增值税上，这进一步凸显了针对电力行业征收的税种体系基本形成。从各国缴纳具体税种的对象来看，其针对的行业或对象更为具体，对应的优惠举措也更为明确。具体以“绿电”发展来看，欧盟国家基本形成了以直接税优惠为主，间接税发挥辅助和调节功能的税收支持体系。

2. 坚持电源的清洁化发展，税收的调节功能更为凸显

能源的清洁化和电力的绿色化是世界能源转型的重要趋势，各个国家都极为重视对“绿电”的发展政策，从支持政策的具体作用机理来看，不仅重视从供给侧来促进技术创新和可再生能源发电，而且更加关注从需

---

① 李荣华：《国外电价改革与实践》，中国电力出版社 2014 年版，第 196 页。

求侧的消费主体来鼓励可再生能源电力的应用。以欧盟为例，欧盟把实现一个清洁、安全和富有竞争的能源体系作为其能源发展的战略，用以支持可再生能源发电的优惠税种多达7项，几乎涵盖了直接税和间接税的全面税种，可见支持力度之大。从IEA国家针对电力商品征收税种的具体功能来看，支持绿色电力发展也是极为凸显的，并设立了环境税、可再生能源税和生态税，甚至有些国家走得更为“激进”，比如荷兰已经实施了针对天然气发电而征收的环境税。针对高耗能行业，国外也是通过税收来进行调节，如挪威针对电耗高企业和造纸与纸浆工业实施消费税。与此同时，从税收的调节功能来看，基于国外基本清理了收费项目和相关的交叉补贴问题，使得电力的商品属性更为明显，从需求侧通过适当的税收调节，来间接推动电力的清洁化发展更为凸显，如法国实施的绿色电价税最为典型。此外，随着针对可再生能源发电补贴政策的逐步取消，也从另一方面越发凸显了税收的调节作用在未来会更为重要。

3. 依据发展的实时环境，动态调整相关财税政策

从表3－13及其附注不难发现，IEA国家针对电力商品征收的税费项目并不是固定不变的，其会根据各个国家不同国情和不同发展阶段进行动态调整，如荷兰取消了为发电企业节能减排融资而征收的财政收费和相关费用项目；意大利特别税中的省税和地方税也已停征。从某一税种的纵向演变情况来看，其征收的额度和比例也会出现动态的调整，具体表现在丹麦征收的硫税，其征收的初始阶段（1996—1998年）为9丹麦克朗/兆瓦时，随后在1999—2000年增加至13克朗，2001年起停止征收；挪威在其增值税中明确指出税率因地区和时期不同存在差异。从消费端来看，这种电价附加的取消或停止，使得电价水平会出现下降，对于消费主体是极为积极的。从税种结构的趋势来看，相关内容的取消会进一步简化税收体系，使主体税种更为明确，这对于税收征收极为有利。整体来看，增值税和消费税会成为主体税种，而特别税鉴于其构成复杂和多样化会出现调整，进而会越发明确。与此同时，补贴的优惠政策会趋向于逐步取消，绿色税种比例会显著增加。

4. 坚持政府的公益性职能，支持电力普遍服务发展

电力是商品属性和公共产品属性的结合体，电力消费的可及性和无歧视性已成为各个国家政府职能的重要组成部分。从发达国家情况来看，虽然整体而言，居民电价水平较高，但这是基于成本构成价格、价格反映成

本的市场定价结果，但市场定价并没有阻碍政府公益性职能的发挥。如为了支持广大农村地区和不发达地区的电力供应服务，美国设立电力普遍服务基金和提供优惠贷款的方式来促进农村地区电力可及性消费。针对不同的消费群体，各国给予不同的优惠政策，美国专门制订了针对低收入群体的电力消费补贴计划；而希腊则在消费税中给予领退休金人群电价优惠政策；法国则针对街道照明等公益性用电项目进行免征地方税等。

三 我国电力行业财税政策优化的建议

（一）对我国目前电力行业财税政策的总体评价

财税政策作为一种投资、消费、就业的信号，影响经济主体的决策行为，最终引导资源市场、要素市场、产品市场的重新调整，弥补市场机制自发形成的不合理的市场结构（李大明，2002）。[①] 整体来看，目前我国电力行业的财税政策基本上形成了支持可再生能源（新能源）发展的格局，这对于推进能源结构转型，实现清洁、低碳、绿色的现代能源体系具有重要的促进作用。具体来看，从环保设备的所得税优惠和免征关税与进口环节增值税，大小型水电、核电的增值税优惠，到可再生能源发电的税费优惠（免征基金）和补贴补助优惠政策，以及形成完整的环保电价体系等不一而足，基本覆盖了电力生产、输配和消费的全产业链。我国非化石能源电力生产（装机总量和发电量）的增长趋势，较好地证实了相关优惠政策不同程度上已经发挥或即将发挥积极的促进作用。与此同时，基于税负水平的纵向比较，从我国税制结构优化的情况来看，内外所得税并轨、“营改增”和增值税转型等使得固定资产规模较大的电力行业企业的整体税负水平相比于过往出现了明显下降的趋势，随着“营改增”的扩围，基于电力行业上游环节的服务可以纳入抵扣或减免范围，电力行业的税收优惠政策在促进产业发展上将会发挥更为积极的建设性作用。

然而，由于我国电力行业的复杂性（电力工业的技术经济特性、电力商品的特殊性和电源结构的多样性），鉴于对电力行业缺乏系统性认知和我国相关优惠财税政策针对某一环节实施而造成关联环节照顾不够出现

---

① 李大明：《论税收筹划的原理及其运用》，《中南财经政法大学学报》2002 年第 6 期。

了税负水平的差异，甚至出现了与行业整体财税政策取向相悖的状况。加之周期性动态调整不及时、不适时，这就使得财税优惠政策的体系性和完备性受到严重影响。此外，由于电力工程建设资金不足和推进电力公共服务，使得电力行业整体承担的政府性基金及附加明显较多；鉴于财政民主和财政法治的不足，使得相关的收费项目在电力行业也呈现出多样化和无序性，综合来看，这对电力行业的发展尤其是对于推进当前我国电力体制改革存在或多或少的消极效用。由于税费最终会反映到电价中，不合理的税费项目会使得整体电价水平偏高，加之我国交叉补贴的存在，使得制造企业整体的电价水平明显偏高，从整个产业竞争层面来看，对我国相关产业的竞争力是极为不利的，因此，要积极推动不合理税费项目的清理，还电力的商品属性，形成有利于能源结构转型和电力行业绿色化、清洁化发展的合理体现税收公平的财税政策体系。

（二）我国财税体制改革的方向与电力行业的发展取向

1. 税制结构优化和税收功能的绿色化

1994 年的财税体制改革，其主要目标之一在于增加收入，以此增强中央政府宏观调控能力；然而，党的十八届三中全会形成的《中共中央关于全面深化改革若干问题的决定》，则强调新一轮税制改革的主要着眼点不在于扩大税收收入规模，而在于优化结构和稳定税负。

从我国目前的税收收入结构来看，2013 年在全部税收收入中，增值税、消费税、营业税、进口货物增值税和消费税、车辆购置税等间接税收入的占比达到 64.12%，若再加上间接税特征浓重的地方其他税种，如契税、土地增值税、耕地占用税、城镇土地使用税等，整个间接税收入在全部税收收入的比重超过 70%。70% 以上的税收收入来自间接税，意味着我国税收收入的绝大部分要作为价格的构成要素之一嵌入价格之中，同商品和服务的价格高度关联。作为一种价格加价，在国内，间接税既可垫高社会流通商品和服务的价格水平，又会阻碍政府控制物价水平的努力。在国际贸易领域，由于中外税制结构的巨大差异，还会因嵌入价格之中的间接税“分量”的不同而带来境内外商品和服务价格之间的“反差”或“倒挂”现象（高培勇，2014）。[①] 又如 90% 以上的税收收入来自企业缴

① 高培勇：《由适应市场经济体制到匹配国家治理体系——关于新一轮财税体制改革基本取向的讨论》，《财贸经济》2014 年第 3 期。

纳，一方面意味着我国税收的绝大部分可以转嫁，税收归宿在总体上难以把握，从而模糊政府利用税收调节经济活动的视线；另一方面说明，我国的税收负担绝大部分压在企业纳税人一方，企业税负水平与宏观税负水平之间高度近似。使得在国民收入初次分配环节，我国企业所承担的税负往往高于国际一般水平，从而使企业在参与国际竞争中处于不利地位。因此，推进我国税制结构的优化既是十分必要的，也是非常重要的。

与此同时，随着我国生态环境面临的形势越发严峻，无论是基于能源消费总量的控制还是推进能源结构的优化，迫切需要将对生态环境造成影响的所谓“外部性”成本纳入国民经济运行当中，这就需要与之相关的税收项目的设立。鉴于国外经验和我国财税体制改革的取向，包括环境税、资源税和其他相关促进生态环境保护的税种将会设立或优化，改善我国绿色税收体系不健全的局面。

2. 电力商品的特殊性和政策优惠的改革思路

电力商品具有复杂性这是基本事实，从不同消费群体看，电力兼有准公共产品的属性，这是能源的自然属性之一；从生产侧来看，其又具有商品属性，要求保证企业收支平衡；从对环境的影响来看，其作为二次高效能源，又具有清洁绿色属性。然而，从产业链的视角来看，不同电源特点的电力生产对环境呈现出不同的外部性，如火力发电无疑会带来大气污染等生态环境问题，这就需要通过对财税政策的调节使其实现绿色化和环保性生产。与此同时，从消费的目的来看，其既可以作为最终消费产品，也可以作为中间产品而成为下游企业生产的要素投入，这一消费的“双重属性”相互间自然存在差异，其中最为显著的体现就是我国和国外均形成包括居民电价和工业电价的电价结构体系。从价格反映成本、成本构成价格的逻辑来看，网络产业规模经济的存在使得工业电价整体价格水平理应偏低，而居民电价却因电网架设和规模经济效益不显著而造成电价水平理应偏高，国外的电价结构自然遵循了这一市场定价原理，而鉴于我国现实国情，却发生了工业电价高于居民电价的情况，自然相互间存在了交叉补贴问题。简言之，就是理论低价因补贴而被拉高，而理论高价因被补贴而被拉低，电价的形成机制被扭曲了。作为一种中间投入，偏高的电价会因提高了企业的生产成本而挤占企业的经营利润，消费侧的公益性要求使得政府对销售电价实行指导定价，使电价的传导机制不畅，进而在造成我国电价基于供求而形成的价格机制被扭曲的同时，也造成了我国居民电价偏低的局面。

为了进一步分析消费侧的构成情况，这里分别从消费的两个流向来分析。首先从中间投入要素的下游生产企业经营情况来看，基于环境保护或亲环境类型，可以分为国家产业允许和鼓励类、限制类及淘汰类。此时，为了鼓励节能减排和抑制“三高一低”行业的发展，实行差别电价的政策自然成为政策选择，电力的属性又被扩大化了，使其成为影响或调解企业经营行为的具有税收功能的政府调控工具，在政府基于唯 GDP 发展思路下，其调控的对象或优惠的选择空间自然就具有了很大的自由裁量权，使得电力的属性进一步复杂化。其次从终端消费（居民消费）的情况来看，城乡居民之间电价也存在着交叉补贴，忽略这一点，对居民电价实行指导定价，使得电力的商品属性被削弱，公益性凸显。从电力体制改革的取向来看，直接交易将成为下一步的重点，从而加快电力商品属性的回归，逐步清理交叉补贴。为了支持直接交易顺利实施，迫切需要清理附加于“商品性”电力的各种职能，还原其单纯地基于市场供求、反映生产成本和外部成本的电价形成机制；此外，基于电力消费的可及性和无歧视性，财税政策的目标也应有所调整，应加大对能源贫困群体的支持。

基于上述分析，可以看出我国电力行业财税体系的构建必须要切实尊重电力商品的特殊性和相关产业环节的复杂性，要将电力商品的公益性和商品性分别作为不同政策支持体系的逻辑起点，一方面推进电力商品的清洁化生产和消费，另一方面促进电力商品消费的可及性和无歧视性。具体而言，电力行业财税改革的目的是从产业链上实现生产的清洁化和绿色化，构造绿色的电源生产系统，在此基础上推动微观企业主体实现可持续经营。与此同时，鉴于横向公平和纵向公平的税负原则要求，对不必要的收费项目进行清理，对不完善的税收优惠体系进行改进，以此切实减轻企业负担。基于未来体制机制改革的深入推进，如果网络业务和非网络业务相互独立，那么由于网络业务具有社会公共产品的属性，其发展理应有具体的专门的财税支持政策，以期使得电力供应的安全性和可靠性得到保障。这是我国现代能源体系构建的必然，也是电力行业转型的内在要求。结合能源发展规划对电力发展的要求分析，要注意一次能源和二次能源税收体系的差异性和行业的特殊性，针对其特殊性实施针对性的财税改革举措。

（三）我国电力行业发展的财税政策优化建议

1. 理顺财税政策在电力行业中的作用机理，提高优惠政策的作用效力

从当前电力行业存在的税负不公平、抵扣环节不协调的问题来看，主要是对电力行业的特殊性和电力行业的产业链条缺乏基于系统性的透视，使得制定实施的优惠财税政策在对一方有利的情况下，引致了其他环节的税负增加。整体而言，水电、风电和太阳能等清洁能源发电的边际成本为零，即一旦设施完工其原料投入基本为零，这就使其不同于火力发电。相比于火力发电能够进行进项增值税抵扣，虽然当前针对水电、风电的增值税优惠力度很大，但实际的税负并没有下降，横向税负的公平问题极为凸显。

与此同时，从电源情况来看，矿产品增值税税率从 13% 恢复到 17%，以煤炭为原料的火力发电企业，煤炭进项税额增加了 4% 的可抵扣金额，自然减少了煤电企业应缴纳的增值税，相应的其附加的城建税及教育费附加等也会减少，很好地减轻了企业的税收负担。然而，由于税制的设计没有很好结合产业链的思路，造成原料抵扣额度出现差异，使得天然气发电这一推动电源结构优化的改革取向面临税负较高的问题，具体表现在由于我国对天然气实行 13% 的增值税税率，而对于发电企业仍实施 17% 的增值税税率，这就造成以天然气为投入原料的发电企业相比于其他化石燃料发电企业少了 4% 的抵扣差额，加剧了横向的不公平和纵向的不公平，这就是明显的国家给予上游行业优惠税率的同时，却造成税负实际转嫁至下游企业的情况。此外，根据《增值税暂行条例实施细则》相关规定，企业的建筑物、构筑物以及其他土地附着物等不动产不得抵扣进项税，这样水电企业的大坝浇铸等不动产的工程建设不能抵扣进项税，相关的原材料和动力也不得抵扣进项税，导致水电企业承担较高的进项税。

因此，电力行业的优惠财税政策的制定或完善要切实从全产业链的视角看问题，并结合不同环节的技术经济特性来实施有针对性的政策举措，避免出现不同产业环节间的“彼此矛盾”而引致横向和纵向税负不公平问题。比如，针对水电行业可以通过扩大税基或“增值税扩围”（把不能抵扣但却有利于降低企业税负的环节纳入）的方式来实现减负。进一步完善增值税政策，有必要把建筑安装业纳入增值税整体链条，这样，水电

行业发电环节上游就多了一道增值税抵扣，这将有利于平衡和解决水电发电企业前期税负过重的问题。

2. 依据电力行业发展的现实环境，提高优惠政策的针对性、时效性和动态性

电力行业是技术密集型行业，近年来在环境规制越发严厉的情况下，相关新能源技术和能源利用清洁化技术均呈现出日新月异的特点，这就使得对于涉及众多环节的电力工业出现了不同程度的设备置换和新技术引进，从能源转型的趋势看，这有利于提高能源利用效率和减少污染物排放的，应该给予积极支持。

然而，从已有的政策举措来看，优惠政策的时效性和针对性却因无法有效跟踪电力行业发展的技术特点而出现了预期偏差。一是所得税优惠目录技术标准的滞后性。“十一五”以来，我国燃煤电厂脱硫从技术到装备已经完全实现了国产化，目录适用的专用设备范围未做重新修订，无法有效反映企业现实需求，影响了企业投资决策。具体来看，问题如下：在目前电力企业基本完成脱硫改造的情况下，却只对脱硫设备采取税收优惠，而对脱硝设备无优惠，造成脱硝改造的积极性减低；专用设备的标准没有及时更新，造成目录设置的标准过低，效率高、节能效益高的设备享受不到优惠；部分专用设备范围太窄，企业购买的大多数为成套设备，仅部分组件属于专用设备，因此无法享受优惠税收。二是政策执行的期限与范围因不切合实际影响了效果。对大型水电项目实行增值税实际税负超过8%部分即征即退却因实施条件太高，优惠期限太短而使其发挥不了应有的积极效用；与此同时，对于水力发电站的财税政策因按照建设时间划分而造成抵扣项的不完整，进而造成税负的横向不公平。三是政策实施的退出机制不完善。由于缺乏适时的退出机制，使得享受优惠财税政策的企业陷入了依靠政策吃饭的惰性，政策激励的效果大打折扣。

因此，基于上述情况，未来财税政策的制定或实施必须坚持动态性，一是适度提高技术标准门槛，通过设定年限值或依靠某一指数来反映技术进步，以此作为推进某些政策的标准；二是根据不同行业的属性，完善企业财税征收和优惠执行标准的划分，如可以把以往按时间维度划分调整为按生产技术或工艺维度等划分；三是要适时调整补贴政策，逐步减少专项资金的补助规模。

3. 坚持清费利税的税改思路，依法加快清理电力行业存在的不合理收费项目

从国际趋向来看，减少或取消电力行业的收费项目，实现完善的税收体系无疑是重要的趋势。中央政府从2000年以来不断加强对非税收入的管理和规范，其基本的理念是给社会减负，在对行政事业性收费和政府性基金的不断清理中，地方政府的非税收入越来越少，使得税收征收的规范性明显加强。从我国目前电力行业涉及的收费项目来看，争议最大的就是价格调节基金。作为地方性的收费项目，其具有征收的随意性和征收额度、时间的自由裁量权，使得相关企业经常面临重复征收的情况，以长江电力公司为例，母公司在湖北省要缴纳价格调节基金，征收的标准是应交流转税额的1%；而其位于四川省的分公司却按照销售收入的0.07%缴纳地方价格调节基金。基于我国的价格法和财政部相关规定，当前应该对价格调节基金进行清理整顿，要加快制止价格调节基金乱摊派、乱收费的状况，如果暂时不能取消的，要切实对其征收对象、范围、比例、减免等内容做出明确规定。

对于政府性基金，作为一种电价加价，为了避免自备电厂自用电力干扰价格体系，进而形成统一的电价体系，对自备电厂实施全范围的征收有其必要性。然而，我们也应该看到，对于光伏发电进行了包括可再生能源电价附加等在内的4项基金的免收。从属性上来看，作为一种电价加价，对销售电量进行收取，并可以根据情况选择免征，这就造成政府性基金具有了税收的调节功能，从作用机理上类似于差别电价和环保电价的功能。与此同时，鉴于基金项目达到8项之多，对其进行归并实行统一征收，无疑大大减少征收环节和企业纳税成本。因此，短期来看，可以借鉴针对光伏发电的优惠办法，对政府鼓励发展的清洁能源尤其是水电项目可以实施免征某几项的基金项目，使其负担减轻；基于中长期可以根据征收对象（电力消费）的一致性和使用功能的相似性进行归并，开征电力消费税。换言之，基于政府性基金专项的用途，在明确其不同的支出功能或支出领域的基础上，可以针对其统一征收的纳税对象实施基金改立税目，设立电力消费税。

针对专项筹资功能已完成的基金项目，要按时给予撤销，这是因为通过适时的废除也是推进公共财政体制完善的重要举措。对涉及相关公共服务或民生事业的基金，可以通过增强的财政实力使相关事业项目纳入预算

资金。此外，最为重要的是，要加强政府性基金征收与废止的民主化参与，在强化对其“收、管、支”的基础上，加强对其设立、变更、撤销以及在征收过程中涉及的资金筹集、管理和支出信息进行公开，实现政府性基金的透明化，消除大家的猜疑和误解。由于政府性基金及附加的比重较高，对电力消费者构成了隐性的税负，其征用相关信息的不公开也使得民众的质疑越发强烈。总体来看，综合国外有关电力行业的税收体系和我国现实税费情况与未来改革取向，电力行业财税改革的方向或路线图应该是在稳定税负的基础上实现“税制简化和清费立税”，相关基金项目的撤销有利于还原电力的商品属性和推进电力体制改革。

4. 支持能源进口多元化战略，实施针对清洁电力进口的优惠财税政策

虽然我国目前已实施了对包括天然气进口环节增值税优惠和高能效设备进口的优惠关税政策，但对于电力进口仍没有相关的政策支持。相比于出口电力征收可再生能源电价附加的举措，我国进口的清洁电力并没有获得对应的脱硫脱硝除尘上网电价优惠，仍是执行落地电价不得高于当地上网标杆电价的规定。基于当前在环境规制严厉和火电项目受到区域性限制的情况下，特高压远距离输电技术的突破和渐趋广泛的应用，加之与周边国家电力互联互通趋势的加强，跨境电力贸易会呈现出增长的态势，因此，提前谋划和制定实施针对电力贸易的优惠财税政策具有重大的现实意义。

基于当前的情况，可以借鉴天然气进口的优惠政策，对清洁电力进口环节增值税实行按一定比例返还的政策，或者鉴于其清洁高效的二次能源特点给予脱硫脱硝除尘上网电价优惠。与此同时，鉴于我国实施针对具有公益性的社会基础设施项目投资给予所得税优惠政策，对于支持电力贸易的跨境电网建设可给予相关的财税优惠政策。

5. 回归电力的商品属性，规范优惠电价政策

在我国，由于电力体制改革不彻底，加之政府干预经济活动仍有相当大的市场，使得电力商品被赋予了较多的功能属性，其中优惠电价在实施过程中因被赋予变相的“税收”功能而被广泛诟病。无论是基于国外电力行业发展的特点，还是基于我国未来能源行业体制机制改革的趋向，可以预见，实现能源资源的商品属性无疑是最为关键的，这也是当前推动包括天然气、电力价格改革的根源所在。从我国具体情况来看，电力行业市场化改革的最终目的就是要实现电力的商品属性，而逐渐通过政府与市场

各自发挥职能的明确，使其逐步减少承担的社会公益性和其他属性功能，最终形成基于市场供求、反映生产成本和消费者权益的价格形成机制，是电力体制改革的初衷和终极目的。

然而，在现行的观念和做法里，电力无法回归商品的属性，无法像其他商品那样，或按质论价，或按供求随行就市，或按交到用户手中的实际成本加价定价。在许多政策制定者眼里，电价体系还是财税体系的一部分，而且是最方便的税负工具之一。在许多地方政府官员眼里，电价可能就是“国税”的一种，能减免和优惠，对地方经济来说是一件好事。电力作为要素投入，其价格高低不仅会直接影响到企业的成本，而且会对地方经济发展造成间接影响。为了促进地方发展，电力商品成为地方吸引资本的优惠条件，其在实施的过程中逐渐异化为政府行为主导下的“优惠电”而给予限制类、淘汰类行业发展以违背差别电价初衷的电价优惠，这在当前电力绿色转型和节能环保的背景下，是极为不合时宜的。

之所以出现各地不同的“优惠电价”政策，很大程度上在于电力的商品属性没有回归，在深层次上体现在电力体制改革不彻底。从现实情况来看，这一局面必须改变，一方面，与电力体制改革的方向不一致，推动直接交易将会使交叉补贴的基础变得越发不牢固；另一方面，随着用电结构的变化，尤其是城镇化进程直接推动了居民家庭用电规模的稳步提升，继续坚持交叉补贴将会使电价无法真实反映成本，对经济社会的扭曲会进一步加大，具体体现在将会使制造企业的运行成本保持在越发没有优势的尴尬地位。

附表3-1　目录中涉及电力生产的资源（原材料）情况（2008年版）

类别	综合利用的资源	生产的产品
共生、伴生矿产资源	煤系共生、伴生矿产资源、瓦斯	电力、热力及燃气等
废水（液）、废气、废渣	转炉煤气、高炉煤气、火炬气以及除焦炉煤气以外的工业炉气，工业过程中的余热、余压	电力、热力
再生资源	农作物秸秆及壳皮（包括粮食作物秸秆、农业经济作物秸秆、粮食壳皮、玉米芯）	代木产品、电力、热力及燃气

附表 3-2　　光伏发电支持政策梳理

"太阳能屋顶计划"①	"太阳能屋顶计划"主要是通过财政补助支持开展光电建筑应用示范项目，解决太阳能光电建筑一体化设计及施工能力不足、相关应用技术标准缺乏、与建筑实现构件化的太阳能光电组件生产能力薄弱等问题，从而启动太阳能光电在城乡建筑领域的应用市场，带动太阳能光电产业发展。据推算，2009 年补助标准为 20 元/瓦，今后根据成本变动情况，将逐年调整补助标准
"金太阳"示范工程	扶持 500 兆瓦的光伏发电示范项目，并没有覆盖所有项目。主要解决国内光伏发电的产业化和规模化问题。通过综合采取财政补助、科技支持和市场拉动方式，加快国内光伏发电的产业化和规模化发展。"金太阳"示范工程的核心内容，是对并网光伏发电项目原则上按光伏发电系统及其配套输配电工程总投资的 50% 给予补助，其中偏远无电地区的独立光伏发电系统按总投资的 70% 给予补助。对于光伏发电关键技术产业化和基础能力建设项目，主要通过贴息和补助的方式给予支持
《关于做好"金太阳"示范工程实施工作的通知》	是"金太阳"示范工程的延续，旨在通过加快实施"金太阳"示范工程，逐步改变我国光伏电池组件过度依赖国际市场的现状，解决新能源并网中存在的问题，为实现大规模并网光伏发电积累经验，促进产业升级和技术进步。与 7 月出台的政策相比，此次补贴发电装机规模达到 642 兆瓦，比计划的 500 兆瓦多了近 1/3。项目涉及金额也较大，工程总投资近 200 亿元。政策扶持力度的加大，将利好光伏发电行业的大型龙头企业，促进行业加快发展
"平价光伏"	目前我国光伏市场迟迟未能启动，主要原因是光伏发电成本太高，影响了大规模推广。财政补贴政策的实施，将有助于光伏发电企业降低成本。光伏"平价并网"的概念包括两个层面：一是输电侧并网，属于发电站，与常规上网电价相比较，平价并网的电价为 0.33—0.36 元/千瓦时；二是配电侧并网，即按照"净电表"方式运行，相当于电力公司用销售电价购买光伏电量，并网电价与销售电价相比较，为 0.5—1.0 元/千瓦时。这表明，光伏发电自用更容易实现"平价光伏"
固定电价（地方实践）	据悉，江苏省推出的《江苏省光伏发电推进意见》规定，该省 2009—2011 年对当地地面电站给出的固定电价分别是 2.2 元/千瓦时、1.7 元/千瓦时和 1.4 元/千瓦时

① 财政部、住房和城乡建设部推出"太阳能屋顶计划"，对符合条件的太阳能光电建筑应用示范项目给予补贴。此次补贴将起到"抛砖引玉"的效果，此次用于补贴的资金并不丰厚，示范性的意义大于实际意义。

第四章　天然气行业税费及其改革

天然气作为优质、高效的清洁能源，对改善我国能源结构、促进低碳发展具有重要作用。近年来，随着能源结构低碳化的发展，我国天然气利用的步伐不断加快，天然气储量与产量双双快速增长，天然气工业进入快车道。根据国土资源部2014 年 1 月 8 日最新发布的全国油气资源动态评价成果显示，我国天然气地质资源量62 万亿立方米，比2007 年的评价结果增加了77%。探明地质储量由2000 年的7600 亿立方米增加到2012 年的1.33 万亿立方米，年均增长5.9%。产量从2000 年的270 亿立方米增加到2012 年的1070 亿立方米，年均增长12%。

与此同时，我国天然气消费规模快速扩大，天然气在能源结构中的比例不断上升。2003 年我国天然气消费量为339 亿立方米，在一次能源结构中占比只有2.5%，到2012 年，我国天然气消费量上升至1471 亿立方米，在一次能源结构中占比达5.2%。2013 年，我国天然气表观消费量达到1676 亿立方米，同比增长13.9%，已成为世界第三大天然气消费国（中石油经济技术研究院，2013）。未来我国天然气需求还将不断上升，根据规划，到2015 年天然气在我国一次能源中的比例将达到7.5%（汪红，2014），天然气需求量可能达到2000 亿立方米，2020 年前达到10%，相应的天然气需求量可达3000 亿立方米。

我国天然气行业发展迅速，但天然气供应远远满足不了日益增长的天然气需求，天然气对外依存度逐年上升。未来我国天然气供需缺口还将进一步扩大。

价格信号是市场运行最重要的信号，也是调控市场供需最重要的“指挥棒”。我国现行天然气定价机制可以概括为国家调控下的成本加成定价方法。天然气价格分为出厂价、管输费、城市门站价和终端用户价四个环节，定价以行政为主、市场为辅，由政府部门根据生产与供应成本再加合理利润确定。其中，出厂价和管输价由国家发改委制定，城市配送服务费由地方政府制定。自2005年以来，中国已三次调整了国产陆上天然气出厂基准价格，但我国天然气价格长期偏低运行。最近的一次调整是在2013年7月，国家发展改革委依照市场机制和现实供需反映出的问题，将非民用天然气每立方米价格由人民币1.69元涨至1.95元。即使经过调整，中国的天然气价格仍低于进口价。普世能源资讯（Platts）称，7月交付给亚洲的液化天然气（LNG）价格为每百万英热单位14.49美元，相当于每立方米0.54美元。这个交付价格比中国修改后的非民用天然气价格每立方米高0.22美元。

我国对天然气长期实行低价政策，既不利于约束需求，也不利于扩大进口天然气、增加供给，更无法激励包括民营资本在内的投资者勘探开发和投资页岩气、煤层气、煤制气的积极性（邓郁松，2013）。

财税政策历来是振兴产业的重要手段，天然气行业具有高风险的特点，特别是在天然气价格长期偏低的背景下，财税政策成为鼓励天然气资源勘探开发投资的重要条件。

一　天然气行业基本情况

（一）世界天然气资源分布、生产及消费情况概述

世界天然气资源主要分布在中东和欧洲及欧亚大陆。根据BP公司《Statistical Review of World Energy（2014）》数据显示，截至2013年年底，世界天然气可采储量为185.7万亿立方米。天然气可采储量前五位的国家依次是伊朗（占世界总量的18.2%）、俄罗斯（16.8%）、卡塔尔（13.3%）、土库曼斯坦（9.4%）和美国（5.0%），详见表4－1。天然气资源主要分布在中东和欧洲及欧亚大陆，两者之和约占总储量的73.7%。而中国储量仅为3.3万亿立方米，占世界储量的1.8%，排名第13位。更多信息参见附表4－1。

页岩气，是蕴藏于页岩层可供开采的天然气资源，是非常规天然气的重要部分。技术可采资源量是衡量页岩气资源量的常用工具，指的是采用现行的勘探开发技术可回收的油气量，没有考虑地质资源量中人为估计的技术可采资源量的开发成本。表4－2是根据美国能源情报署的数据整理获得的2013年页岩气技术可采资源量居前的十国资源量情况一览表。数

据显示，2013 年中国页岩气技术可采资源量评估为 31.55 万亿立方米，而在 2011 年评估值为 36.08 万亿立方米，尽管有所下降，但从全球来看，仍处于第一。

表 4－1　　2013 年世界天然气可采储量排序

排序	国家	天然气可采储量（万亿立方米）	占世界总量的比例（%）
	世界总量	185.7	—
1	伊朗	33.8	18.2
2	俄罗斯	31.3	16.8
3	卡塔尔	24.7	13.3
4	土库曼斯坦	17.5	9.4
5	美国	9.3	5.0
6	沙特阿拉伯	8.2	4.4
7	阿联酋	6.1	3.3
8	委内瑞拉	5.6	3.0
9	尼日利亚	5.1	2.7
10	阿尔及利亚	4.5	2.4
13	中国	3.3	1.8

资料来源：根据 BP 公司 *Statistical Review of World Energy*（2014）整理。

表 4－2　　2013 年世界页岩气技术可采资源量　　单位：万亿立方米

排序	国家	页岩气技术可采资源量
1	中国	31.55
2	阿根廷	22.70
3	阿尔及利亚	20.01
4	美国	18.82
5	加拿大	16.22
6	墨西哥	15.42
7	澳大利亚	12.37
8	南非	11.04
9	俄罗斯	8.07
10	巴西	6.93

资料来源：美国能源情报署提供的最新数据。

表4－3为2013年世界十大天然气生产国产量及占比。2013年，美国天然气产量仍然居世界第一，占世界总量的20.6%，其次为俄罗斯（17.9%）、伊朗（4.9%）、卡塔尔（4.7%）、加拿大（4.6%）等。2013年，中国天然气产量为1171亿立方米，占世界天然气总产量的3.5%，排在第6位。更多信息参见附表4－2。

表4－3　　2013年世界十大天然气生产国产量及占比

排序	国家	产量（十亿立方米）	占比（%）
1	美国	687.6	20.6
2	俄罗斯	604.8	17.9
3	伊朗	166.6	4.9
4	卡塔尔	158.5	4.7
5	加拿大	154.8	4.6
6	中国	117.1	3.5
7	挪威	108.7	3.2
8	沙特阿拉伯	103.0	3.0
9	阿尔及利亚	78.6	2.3
10	印度尼西亚	70.4	2.1

资料来源：根据BP公司*Statistical Review of World Energy*（2014）整理。

表4－4为2013年世界十大天然气消费国消费量及占比。2013年，消费量居前五位的国家依次是：美国（占世界消费量的22.2%）、俄罗斯（12.39%）、伊朗（4.8%）、中国（4.8%）、日本（3.5%）。

表4－4　　2013年世界十大天然气消费国消费量及占比

排序	国家	消费量（十亿立方米）	占比（%）
1	美国	737.2	22.2
2	俄罗斯	413.5	12.39
3	伊朗	162.2	4.8
4	中国	161.6	4.8
5	日本	116.9	3.5
6	加拿大	103.5	3.1

续表

排序	国家	消费量（十亿立方米）	占比（%）
7	沙特阿拉伯	103.0	3.1
8	德国	83.6	2.5
9	墨西哥	82.7	2.5
10	英国	73.1	2.2

资料来源：根据 BP 公司 *Statistical Review of World Energy*（2014）整理。

综上所述，从天然气储量分布来看，天然气资源主要分布在欧亚大陆和中东，两地占总储量的3/4；而天然气生产消费区主要分布在北美、欧洲两地，两地生产消费量占世界的六成以上。当然，作为亚太地区的中国，天然气资源相对贫乏，但天然气消费需求巨大，中国在国际天然气市场具有举足轻重的地位。

（二）我国天然气资源分布、生产及消费情况概述

我国天然气资源的分布很不均匀，主要分布在四川盆地、鄂尔多斯盆地、塔里木盆地、柴达木盆地、琼东盆地和东海盆地。鄂尔多斯盆地、四川盆地、塔里木盆地和南海海域是我国四大天然气产区，合计探明剩余技术可采储量和产量分别约占全国的78%、73%。我国天然气资源主要集中在中西部地区，而天然气市场需求主要位于东部沿海地区，造成“西气东输”的产业格局。

我国天然气需求快速增长。我国天然气需求“分水岭”为2000年左右，2000年之前，天然气需求量增速为个位数，2000年之后，天然气需求量增速差不多每年有两位数，特别是进入21世纪的第二个十年之后，中国对天然气的消费呈现突飞猛进的态势。据BP统计，2002年，我国天然气消费量为292.0亿立方米，2013年天然气消费量上升到1616亿立方米（详见图4－1）。2002—2013年，同比增长速度均在10%以上。

图4－1显示，我国天然气产量保持较快增长势头，特别是在2002年以后，天然气生产增长迅速。2002年我国天然气产量为327亿立方米，2013年上升至1171亿立方米，我国天然气生产规模持续增长。而且，我国天然气生产将一直保持强劲增长势头，据国际天然气联盟（IGU）秘书长托尔施泰因估计，中国未来对安全、廉价、环保能源的需求将会变得非常大，预计2035年中国将成为继俄罗斯、美国之后的全球第三大天然气生产国。

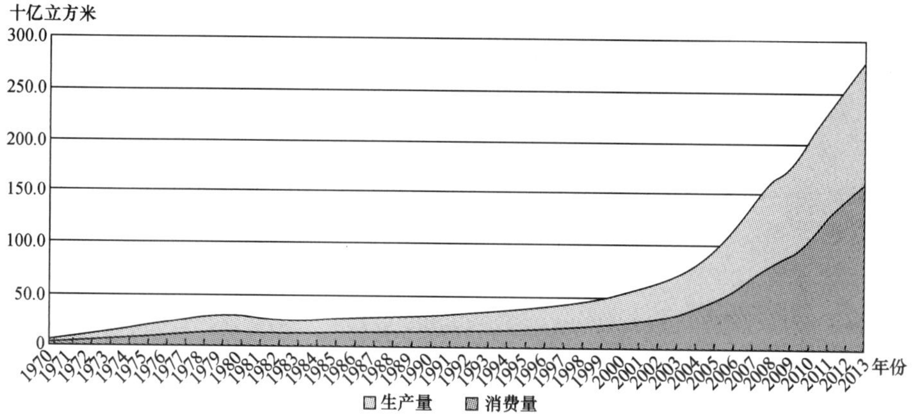

图 4－1 1970—2013 年我国天然气消费及生产情况

资料来源：2002—2012 年数据来源于 BP 世界能源统计年鉴（2013），2013 年产量与消费量数据分别来源于国家发改委和国土资源部网站。

图 4－1 还显示，我国国内天然气供应—需求的缺口不断加大，对外依存度呈快速上升之势。我国从 2007 年开始成为天然气净进口国，2013 年对外依存度突破 30%，从 2007 年的 1.82% 增长到 31.6%。① 由于环保政策对清洁能源消费的刺激，加上国际组织对中国二氧化碳排放要求的压力，国内天然气供应—需求的缺口仍将加大，对外依存度则更是呈快速上升之势。据有关数据预测，到 2020 年，国内天然气供应—需求的缺口将达到 1000 亿立方米以上。

对于巨大的供需缺口，我国主要是通过进口液化天然气和管道天然气来填补。2012 年，中国管道气总进口量为 214 亿立方米，液化天然气总进口量为 200 亿立方米。② 2013 年进口液化天然气和管道天然气达 274 亿立方米和 245 亿立方米，分别增长 28.0%、22.9%。③ 中国目前管道气主要进口国为土库曼斯坦，而液化天然气主要进口国为卡塔尔、澳大利亚、印度尼西亚等国。

在非常规天然气方面，2013 年煤层气抽采量基本保持稳定，为 135 亿立方米。在页岩气方面，整体还处于实验阶段，实际利用率不高。非常

① 参见国土资源部网站。

② 参见 BP 世界能源统计年鉴（2013）。

③ 参见 BP 世界能源统计年鉴（2014）。

规气尚未形成规模，而且增速缓慢。

（三）我国能源消费结构中天然气占比

能源基数高，未来仍有提升空间。以 BP 统计数据看，2012 年我国消耗总能源为 27.35 亿吨油当量，超美国 5.26 亿吨油当量，位居世界第一位。而我国人均能耗量仅约为 2 吨油当量，不到美国人均能耗量的三成。可见，我国能源消耗总量庞大，人均能耗量低，未来仍有提升空间。

表 4－5　　中国一次能源消费结构　　单位:%，百万吨油当量

年份	原油	天然气	煤	核能	水力发电	再生能源	能源消费总量
2003	22.1	2.4	69.3	0.8	5.3		1204.2
2004	22.4	2.5	68.7	0.8	5.6		1423.5
2005	20.9	2.6	69.9	0.8	5.7		1566.7
2006	20.4	2.9	70.2	0.7	5.7		1729.8
2007	19.5	3.4	70.5	0.8	5.9		1862.8
2008	18.8	3.6	70.2	0.8	6.6		2002.5
2009	17.7	3.7	71.2	0.7	6.4	0.3	2187.7
2010	17.6	4.0	70.5	0.7	6.7	0.5	2431.2
2011	17.7	4.5	70.4	0.7	6.0	0.7	2613.2
2012	17.7	4.7	68.5	0.8	7.1	1.2	2735.2
2013	17.8	5.1	67.5	0.9	7.2	1.5	2852.4

注：因四舍五入，合计数可能不等于 100%。

我国庞大的能源消耗总量中，天然气比重较低。表 4－5 显示，自 2003 年以来，天然气在一次能源消费结构中的比重逐步增加，2013 年，天然气比重上升至 5.1%，但与世界主要经济体相比，远低于俄罗斯（53.2%）、美国（29.6%）、日本（22.2%）等，也低于世界平均水平（23.7%）。我国能源过度依赖煤炭资源，煤炭比重为 67.5%，其比重大幅高于美国、日本和俄罗斯，也高于世界平均水平。

（四）我国天然气行业发展展望

天然气是优质高效的清洁能源，二氧化碳和氮氧化物的排放分别仅为

煤炭的一半和1/5左右，二氧化硫的排放几乎为零。但是，我国天然气消费占一次能源消费的比重仅为5.1%，不仅远低于美、欧等发达国家，而且远低于23.7%的国际平均水平。清洁能源比重过低，成为影响我国大气质量，造成雾霾天气多发的原因之一。为了改善人民生活环境，需要大力鼓励发展天然气，增加天然气供应。2013年年初，国务院出台能源发展“十二五”规划，提出2015年能源发展的主要目标，其中明确提出，能源消费总量控制在40亿吨标准煤，单位国内生产总值能耗比2010年下降16%；天然气占一次能源消费比重提高到7.5%，比2012年提升2.77个百分点。据美国IEA估计，到2040年，中国天然气需求将达到17.5万亿立方英尺，超过2012年5.2万亿立方英尺需求量的三倍以上。

不难看出，作为清洁能源的天然气，是中国未来能源发展的重要方向。但我国天然气资源相对贫乏，剩余可采储量不足世界总量的2%，人均探明剩余可采储量只有世界平均水平的7%左右。而随着百姓生活水平的提高和全国范围内防治大气污染行动的推进，预计未来一段时间中国天然气需求仍将快速增长，供求矛盾依然突出。因此，需要在完善天然气行业政策的前提下，积极发挥财税政策的引导作用，充分调动国内和国际两个市场，大力增加天然气供应。

二　现行天然气财税政策

（一）我国现行天然气税制

在我国现行税制下，对天然气企业的财税政策与对一般企业的大致相同，销售天然气产品取得销售收入需要缴纳增值税和消费税，取得的利润需要缴纳企业所得税，所拥有的财产需缴纳车船税、房产税、城镇土地使用税等，销售天然气时，要按照有关规定缴纳资源税（孙家胜和王春婷，2014）。我国天然气行业主要税费具体如表4-6所示。

1. 增值税

增值税是对销售货物或者提供加工、修理修配劳务以及进口货物的单位和个人就其实现的增值额征收的一种流转税。增值税的收入占到全部税收的60%以上，既是我国最主要也是最大的税种。

表 4－6　　我国天然气行业主要税费一览

种类	税种	税率	计算方法	中央地方分享比例
流转税类	增值税	天然气 13%	应缴增值税＝销项税－进项税	75:25
	营业税	3%	以营业收入计征	0:100
	关税	进口天然气征收 20%；不同品种不同税率	从价计征：应纳税额＝完税价格×关税税率 从量计征：应纳税额＝货物数量×单位税额	100:0
所得税类	所得税	基本税率为 25%，优惠税率为 20%、15%	应纳税额＝应纳税所得额－减免税额－抵免税额	100:0
资源税类	资源税	5%	以销售额计税	100:0
	矿产资源补偿费	1%	以销售额计税	0:100
	矿区使用费	不同产量费率不同	以天然气总产量计征	0:100
	探矿权使用费	每平方公里，100—150 元/年	勘探面积和时间	0:100
	探矿权价款	按照国家有关规定		0:100
	采矿权使用费	每平方公里，1000 元/年	按照矿区范围的面积逐年缴纳	0:100
	采矿权价款	按照国家有关规定		0:100
财产行为税类	房产税	计税依据：房产余值或租金，1.2%或 12%	应纳税额＝房产原值×计征比例（1.2%） 应纳税额＝租金收入×12%	0:100
	车船使用税	不同类型车船不同税率	《车船税税目税额表》	0:100
	印花税	万分之三、万分之五、千分之一、五元	应纳税额＝合同金额×适用税率，或按件贴花 5 元	0:100
特殊税类	城市维护建设税	城市 7%、城镇 5%、其他 1%	以增值税、消费税、营业税三项之和为税基	0:100
	教育费附加	3%	以增值税、消费税、营业税三项之和为税基	0:100

续表

种类	税种	税率	计算方法	中央地方分享比例
特殊税类	城镇土地使用税	大城市：1.5—30元；中等城市：1.2—24元；小城市：0.9—18元；县城、建制镇、工矿区0.6—12元	应纳税额=实际占用的土地面积×单位税额	0:100
	耕地占用税	人均耕地1亩，10—50元；1—2亩，8—40元；2—3亩，6—30元；3亩，5—25元	应纳税额=耕地占用面积×适用税额	0:100

资料来源：根据朱志国（2014）、王美田（2014）、孙家胜和王春婷（2014）整理而得。

（1）《中华人民共和国增值税暂行条例》与天然气行业有关的主要规定。1993年12月13日，国务院颁布了《中华人民共和国增值税暂行条例》（国务院令〔1993〕134号），规定增值税基本税率为17%，而石油液化气、天然气等的增值税税率为13%，体现了对天然气行业的支持。

1993年的《中华人民共和国增值税暂行条例》确立的是生产型增值税。生产型增值税以纳税人的销售收入减去用于生产、经营的外购原材料、燃料、动力等物质资料价值后的余额作为法定的增值额，但对购入的固定资产及其折旧均不允许扣除，这样，企业购进机器设备等资产时不能抵扣购置资产包含的进项增值税税款，存在重复征税问题，从而抑制了企业设备更新和技术升级的积极性。

在“保增长”的大背景下，2008年11月5日，国务院对1993年《中华人民共和国增值税暂行条例》进行了修订。修订内容之一是，企业在购进除不动产和应征消费税的摩托车、汽车、游艇等之外的其他生产设备时，其进项税额可以从销项税额中抵扣，从而实现了增值税从生产型向消费型的转变。与其他企业一样，天然气企业从该项政策中获益。①

① 国务院总理李克强于6月11日主持召开国务院常务会议，会议决定，从2014年7月1日起，将自来水、小型水力发电等特定一般纳税人适用的增值税6%、5%、4%、3%四档征收率合并为一档，统一按现行简易计税办法，执行3%的征收率。每年将为相关领域企业减轻税负约240亿元。

（2）《油气田企业增值税管理办法》主要规定。天然气属于资本密集型产业，重复征税的情况严重，为了支持天然气行业发展，解决天然气行业重复征税问题，财政部、国家税务总局还就石油、天然气企业增值税征税出台了专门性的规定。

2000年，财政部、国家税务总局发布了《油气田企业增值税管理暂行办法》（财税字〔2000〕32号），办法规定天然气生产企业为生产天然气提供的生产性劳务，如地质勘探、钻井（含测钻）、测井、录井等，应缴纳增值税，税率为17%。对油气田企业生产性劳务改征增值税，可有效避免重复征税。

《油气田企业增值税暂行管理办法》下发后，运行基本正常，但仍存在一些问题。为规范油气田企业增值税管理，2000年11月30日，国家税务总局又下发《关于油气田企业增值税问题的补充通知》（国税发〔2000〕195号），对征收增值税的生产性劳务做了进一步说明，指出征收增值税的生产性劳务仅限于油气田企业间相互提供的，而油气田企业向非油气田企业或非油气田企业向油气田企业提供的生产性劳务不征收增值税，仅征收营业税。

2009年1月，在2008年修订的《中华人民共和国增值税暂行条例》及其实施细则基础上，财政部、国家税务总局下发了修订后的《油气田企业增值税管理办法》（财税〔2009〕8号），对油气田企业增值税管理办法作了修改和完善。[①] 财税〔2009〕8号文件第九条规定，油气田企业为生产原油、天然气接受其他油气田企业提供的生产性劳务，可凭劳务提供方开具的增值税专用发票注明的增值税额予以抵扣。原管理办法只限于油气田企业所属非独立核算单位之间相互提供的用于生产的货物及应税劳务，不缴纳增值税。而修订后的管理办法规定，油气田企业与其所属非独立核算单位之间以及其所属非独立核算单位之间移送货物或者提供应税劳务，不缴纳增值税。这意味着不仅仅局限于各油气田企业所属非独立核算单位之间，而且包括油气田企业与其所属非独立核算单位之间发生应税劳务及移送用于生产的货物，不征收增值税。这一扩大移送货物或者提供劳

---

① 本办法自2009年1月1日起执行。财政部国家税务总局《关于油气田企业增值税计算缴纳方法问题的通知》[（94）财税字第073号]、财政部国家税务总局《关于印发〈油气田企业增值税管理暂行办法〉的通知》（财税字〔2000〕32号）和国家税务总局《关于油气田企业增值税问题的补充通知》（国税发〔2000〕195号）同时废止。

务免征增值税范围的优惠政策在很大程度上为油气田企业实现资源共享开通了便利条件，降低了油气田企业的税负（纳税服务网，2009）。

（3）进口天然气增值税返还政策。目前，海关在进口环节代国家其他部门征收的进口环节税有增值税、消费税和船舶吨税。增值税率有两种，进口货物除粮食、食用植物油、自来水、暖气、冷气、热水、煤气、石油液化气、沼气、居民用煤炭制品、图书、报纸杂志、饲料、化肥、农药、农机、农膜和国务院规定的其他货物的税率为13%以外，其余货物的税率均为17%。近年来，进口天然气进销价格倒挂给石油公司造成巨大损失，为满足国内快速增长的天然气消费需求，促进境外天然气资源的引进，国家对天然气进口企业的巨额亏损给予部分财政补贴，2011年8月1日，财政部、海关总署、国家税务总局下发《关于对2011—2020年期间进口天然气及2010年底前“中亚气”项目进口天然气按比例返还进口环节增值税有关问题的通知》（财关税〔2011〕39号）（王美田，2014），规定了进口环节增值税按项目进口天然气价格和国家天然气销售定价的倒挂比例予以返还（陈嘉茹等，2014）。

2013年11月14日，财政部、海关总署、国家税务总局印发《关于调整进口天然气税收优惠政策有关问题的通知》（财关税〔2013〕74号），相应调整天然气进口环节增值税税收返还的优惠政策，一方面，调高了进口气的销售定价标准，即从2013年7月1日起，进口液化天然气销售定价由24.93元/GJ调整为31.45元/GJ，管道天然气的销售定价从0.88元/立方米调整为1.11元/立方米，从而缩小了销售价格倒挂幅度；另一方面，增加部分项目税收优惠政策，新增中缅天然气管道项目、浙江LNG项目、广东珠海LNG项目享受优惠政策（见表4-7）（陈嘉茹等，2014）。

表4-7　享受进口税收优惠的进口天然气项目及企业名单

项目名称	进口企业	执行期间	备注
中亚—中国天然气管道项目	新疆西北中石油国际事业有限公司	2011年1月1日至2020年12月31日	财关税〔2011〕39号
江苏LNG项目	江苏中石油国际有限公司	同上	同上
广东LNG项目	广东大鹏液化天然气有限公司	同上	同上
福建LNG项目	中海福建天然气有限公司	同上	同上

续表

项目名称	进口企业	执行期间	备注
上海 LNG 项目	上海液化天然气有限责任公司	同上	同上
中缅天然气管道项目	中国联合石油有限责任公司和云南中石国际事业有限公司	2013 年 7 月 1 日至 2020 年 12 月 31 日	财关税〔2013〕74 号
浙江 LNG 项目	中海石油气电集团有限责任公司和中海浙江宁波液化天然气有限公司	2012 年 9 月 1 日至 2020 年 12 月 31 日	同上
广东珠海 LNG 项目	中海石油气电集团有限责任公司和广东珠海金湾液化天然气有限公司	2013 年 8 月 1 日至 2020 年 12 月 31 日	同上

（4）西气东输增值税优惠政策。为了支持西气东输工程，2002 年 7 月，财政部、国家税务总局下发《关于西气东输项目有关税收政策的通知》（财税〔2002〕111 号），规定西气东输项目上游中外合作开采天然气增值税执行 13% 的统一税率。

2003 年国家税务总局下发《关于西气东输工程有关增值税问题的复函》（国税函〔2003〕1213 号），就管道充填气和储气垫底气是否缴纳增值税问题做了回复，规定长庆油田分公司和西气东输销售分公司销售天然气，留存在管道内和储气库垫底的天然气，移送时不缴纳增值税。

2. 营业税

营业税是对提供应税劳务、转让无形资产和销售不动产的行为，以其营业额为依据缴纳的税种。

（1）《中华人民共和国营业税暂行条例》与天然气行业有关的主要规定。1993 年国务院颁布的《中华人民共和国营业税暂行条例》（国务院令〔1993〕136 号）规定，在中华人民共和国境内提供本条例规定的劳务、转让无形资产或者销售不动产的单位和个人为营业税的纳税义务人，应当缴纳营业税。天然气管道运输业务属于营业税应税劳务范围，需要根据规定缴纳营业税，税率为 3%。2008 年国务院修订了《中华人民共和国营业税暂行条例》，对劳务领域保留了营业税，继续允许对劳务重复征税。天然气管道运输业务营业税额在天然气行业税收中占很大比重，增值税和营业税并存的格局并未改变。

（2）“营业税改征增值税”对天然气行业的影响。“营业税改征增值税”试点是2009年全面实施增值税转型之后，货物劳务税收制度的又一次重大改革，也是一项重要的结构性减税措施。具体到天然气行业，这次改革对消除重复征税、促进产业优化结构、深化分工起到重要作用。

2011年11月16日，财政部、国家税务总局发布《营业税改征增值税试点方案》（财税〔2011〕111号）规定，从2012年1月1日起，在上海市交通运输业和部分现代服务业开展营业税改征增值税试点。“营改增”在现行增值税17%标准税率和13%低税率的基础上，新增11%和6%两档低税率。租赁有形动产等适用17%税率，交通运输业、建筑业等适用11%税率，其他部分现代服务业适用6%税率。伴随上海市“营改增”试点的成功，2012年7月25日，国务院常务会议决定扩大营业税改征增值税试点范围。会议决定，自2012年8月1日起至年底，将交通运输业和部分现代服务业“营改增”试点范围，由上海市分批扩大至北京、天津、江苏、浙江、安徽、福建、湖北、广东和厦门、深圳10个省、直辖市和计划单列市。2013年8月1日，“营改增”范围推广到全国试行。2014年1月1日起，将铁路运输和邮政服务业纳入营业税改征增值税试点，至此交通运输业已全部纳入“营改增”范围。

在“营改增”的行业中，作为交通运输业较为特殊的管道运输也被列入其中。管道运输业税率由营业税税制下的3%提高到增值税税制下的11%，税负增加明显。为实现“营改增”的平稳过渡，《营业税改增值税试点过渡政策的规定》提出，试点纳税人中的一般纳税人提供管道运输服务，对其增值税实际税负超过3%的部分实行增值税即征即退政策。尽管从短期来看，新设立的天然气企业和非新设立的天然气企业收益不同，但从长期来看，营业税改征增值税有利于天然气行业采用新技术、更新设备、加速天然气管线建设的步伐。

按照《营业税改征增值税试点实施办法》，油气田企业提供应税服务需依照此办法缴纳增值税，不再执行《油气田企业增值税管理办法》（财税〔2009〕8号）。试点地区的油气田企业应将应税服务与原生产性劳务取得的经营收入分别核算，未分别核算的，从高适用税率。因《营业税改征增值税试点实施办法》规定的应税服务范围与《增值税生产性劳务征收范围注释》的劳务范围并不一致，对于试点地区的油气田企业发生涉及交通运输和部分现代服务业试点劳务的，如《增值税生产性劳务征税范围注释》中的第一项地质勘探、第九项油（气）集输及第十五项其他中的运输、设计、提供信息、检测、计量、数据处理、租赁生产所需的仪器、材料、设备等服务，应按照《营业税改征增值税试点实施办法》缴纳增值税，不再执行《油气田企业增值税管理办法》。同时，因提供应税服务的范围为试点实施办法规定的服务，则劳务提供既包括油气田企业之间提供，也包括油气田企业与非油气田企业之间相互提供（青岛市财政局，2013）。

3. 企业所得税

（1）企业所得税基本税率。根据1993年颁布的《中华人民共和国企业所得税暂行条例》（国务院令〔1993〕137号），天然气生产企业为企业所得税纳税人，应当就其生产、经营所得和其他所得，缴纳企业所得税，税率为33%。

2007年3月，中华人民共和国第十届全国人民代表大会第五次会议通过了《中华人民共和国企业所得税法》（中华人民共和国主席令第63号）。按照新的所得税法，内资和外资天然气生产企业均适用25%的税率，非居民企业取得规定的所得，适用20%的税率。

（2）企业所得合并纳税。中国石油天然气集团在1999年重组改制后，由原有的一个纳税主体变为多个纳税主体，所得税额在各纳税主体间又不能平衡，致使中国石油天然气集团整体纳税负担加重。为了支持中国石油天然气股份有限公司经营管理体制改革，2000年，国家税务总局下发《关于中国石油天然气股份有限公司缴纳企业所得税问题的通知》，对中石油集团合并纳税做了规定。[①] 汇总纳税的最大好处是，大企业集团各分支机构可以盈亏互抵，从而减轻税收负担。

国家税务总局在2004年下发《关于中国石油天然气股份有限公司合并缴纳企业所得税问题的通知》（国税函〔2004〕1072号）、2007年下发《关于中国石油天然气股份有限公司合并纳税问题的补充通知》（国税函〔2007〕434号）、2009年下发《关于调整中国石油化工股份有限公司合并纳税范围的通知》（国税函〔2009〕300号）等不断更新合并纳税范围。

（3）购置环保、节能节水、安全生产专用设备企业所得税优惠政策。企业所得税减免是指国家运用税收经济杠杆，为鼓励和扶持企业或某些特

① 所谓合并纳税，是指大型企业集团的母子公司实施盈亏相抵之后的收益缴纳所得税。

殊行业的发展而采取的一项灵活调节措施。为更好地鼓励企业综合利用资源,《中华人民共和国企业所得税法》第33条原则性规定,企业综合利用资源,生产符合国家产业政策规定的产品所取得的收入,可以在计算应纳税所得额时减计收入。

《中华人民共和国企业所得税法实施条例》第99条规定,企业所得税法第33条所称减计收入,是指企业以《资源综合利用企业所得税优惠目录》规定的资源作为主要原材料,生产国家非限制和禁止并符合国家和行业相关标准的产品取得的收入,减按90%计入收入总额。2008年8月20日,财政部、国家税务总局、国家发展改革委联合发布《资源综合利用企业所得税优惠目录(2008年版)》(财税〔2008〕117号)(以下简称《目录》),明确规定企业利用煤系共生、伴生矿产资源,瓦斯等资源生产电力、热力、燃气等产品,享受所得税优惠。2008年9月23日,财政部、国家税务总局下发《关于执行资源综合利用企业所得税优惠目录有关问题的通知》(财税〔2008〕47号),对《目录》规定的享受综合利用资源企业所得税减计收入优惠的具体条件进行了重申。

2008年9月23日,财政部、国家税务总局下发《关于执行环境保护专用设备企业所得税优惠目录、节能节水专用设备企业所得税优惠目录和安全生产专用设备企业所得税优惠目录有关问题的通知》(财税〔2008〕48号),第1条规定,企业自2008年1月1日起购置并实际使用列入《目录》范围内的环境保护、节能节水和安全生产专用设备,可以按专用设备投资额的10%抵免当年企业所得税应纳税额;企业当年应纳税额不足抵免的,可以向以后年度结转,但结转期不得超过5个纳税年度。

(4)企业研究开发费加计扣除税收优惠。2008年12月10日,国家税务总局下发《关于印发〈企业研究开发费用税前扣除管理办法(试行)〉的通知》(国税发〔2008〕116号),第7条规定,企业根据财务会计核算和研发项目的实际情况,对发生的研发费用进行收益化或资本化处理的,可按下述规定计算加计扣除:①研发费用计入当期损益未形成无形资产的,允许再按其当年研发费用实际发生额的50%,直接抵扣当年的应纳税所得额。②研发费用形成无形资产的,按照该无形资产成本的150%在税前摊销。除法律另有规定外,摊销年限不得低于10年。第4条规定,企业从在一个纳税年度中实际发生的下列费用支出,允许在计算应纳税所得额时按照规定实行加计扣除:①新产品设计费、新工艺规程制定费以及与研发活动直接相关的技术图书资料费、资料翻译费。②从事研发活动直接消耗的材料、燃料和动力费用。③在职直接从事研发活动人员的工资、薪金、奖金、津贴、补贴。④专门用于研发活动的仪器、设备的折旧费或租赁费。⑤专门用于研发活动的软件、专利权、非专利技术等无形资产的摊销费用。⑥专门用于中间试验和产品试制的模具、工艺装备开发及制造费。⑦勘探开发技术的现场试验费。⑧研发成果的论证、评审、验收费用（重庆市国家税务局，2011）。

（5）商业性生产前发生的费用和有关固定资产的折耗、折旧处理。由于开采石油、天然气等矿产资源有着特殊的生产过程，具有高投入、高风险、投资回收期较长、资源储量发现成本与发现储量的价值之间存在很大的不确定性等特点，其会计核算的内容、方法等与一般的企业也不同，需要作相应的特殊规定。考虑到这种特性，企业所得税制度对此类开采矿产资源的企业有关费用和资产的折耗、折旧方法，作出相应特殊的安排。

2007 年颁布的《中华人民共和国企业所得税法实施条例》第 61 条规定，从事开采石油、天然气等矿产资源的企业，在开始商业性生产前发生的费用和有关固定资产的折耗、折旧方法，由国务院财政、税务主管部门另行规定。

2009 年 5 月，财政部、国家税务总局下发《关于开采油（气）资源企业费用和有关固定资产折耗摊销折旧税务处理问题的通知》（财税〔2009〕49 号），根据《中华人民共和国企业所得税法实施条例》（国务院令第 512 号）第 61 条的规定，就从事开采石油、天然气的矿产资源油气企业在开始商业性生产前发生的费用和有关固定资产的折耗、摊销、折旧方法作出详细规定。

（6）油气生产弃置费的相关规定。2011 年 3 月 22 日，国家税务总局下发《海上油气生产设施弃置费企业所得税管理办法》（国家税务总局公告〔2011〕第 22 号），对海上天然气生产设施弃置费管理作了规定。弃置费可以采用年限平均法和产量法计提，企业应在年度汇算清缴时，确认本年度弃置费列支数额。弃置费计提规定有利于气田提前编制海上气田设施废弃处置预备方案，可促进天然气生产企业对环境保护的考虑，有利于我国天然气行业向清洁环保方向发展。

（7）外国所得税税收抵免。税收抵免，是指行使居民税收管辖权的国家，在对本国居民纳税人国内外全部所得征税时，允许纳税人就国外已经缴纳的所得税额部分或全部从本国应纳税额中抵扣。

按照《中华人民共和国企业所得税法实施条例》第80条规定由居民企业直接或者间接持有20%以上股份的外国企业，限于符合以下持股方式的三层外国企业：

第一层：单一居民企业直接持有20%以上股份的外国企业；

第二层：单一第一层外国企业直接持有20%以上股份，且由单一居民企业直接持有或通过一个或多个符合本条规定持股条件的外国企业间接持有总和达到20%以上股份的外国企业；

第三层：单一第二层外国企业直接持有20%以上股份，且由单一居民企业直接持有或通过一个或多个符合本条规定持股条件的外国企业间接持有总和达到20%以上股份的外国企业。

财政部和国税总局2011年5月26日联合下发了财税〔2011〕23号文件《关于我国石油企业在境外从事油（气）资源开采所得税收抵免有关问题的通知》。按照规定，石油企业在境外从事油（气）项目投资、工程技术服务和工程建设的油（气）资源开采活动取得股息所得，在按规定计算该石油企业境外股息所得的可抵免所得税额和抵免限额时，由该企业直接或者间接持有20%以上股份的外国企业，限于按照财税〔2009〕125号文件第6条规定的持股方式确定的五层外国企业：

第一层：石油企业直接持有20%以上股份的外国企业。

第二层至第五层：单一上一层外国企业直接持有20%以上股份，且由该石油企业直接持有或通过一个或多个符合财税〔2009〕125号文件第6条规定持股方式的外国企业间接持有总和达到20%以上股份的外国企业。

另外，财税〔2011〕23号文件还规定石油企业对其来源于境外油（气）项目投资、工程技术服务和工程建设的油（气）资源开采活动的应纳税所得额，可以选择“分国（地区）不分项”或“不分国（地区）不分项”的抵免方式，一经选择，5年内不得改变。选择“不分国（地区）不分项”的境外企业所得税抵免办法，对于油气企业开展境外经营活动，降低综合税负是一个重大利好（曹勇，2012）。

（8）其他所得税优惠政策。

第一，西部大开发企业所得税优惠政策。

根据《产业结构调整指导目录》（国家发展和改革委员会令第40号）第一类第6条“石油、天然气勘探开发”所规定的内容，西部油田企业完全符合西部大开发中有关内资企业所得税减免优惠政策的规定（重庆市国家税务局，2011）。

第二，财政部、国家税务总局《关于石油石化企业办社会支出有关企业所得税政策的通知》（财税〔2010〕93号）规定，石油集团、石化集团所属企业发生的用于企业矿区所在地市政、公交、环卫、非义务教育、医疗、自有供暖、社区管理等社会性支出，可以在当期计算应纳税所得额时据实扣除（重庆市国家税务局，2011）。

除此之外，石油天然气行业和其他行业一样，也享受诸如安置残疾人员就业支出、公益性捐赠支出等可扣除的企业所得税优惠。

4. 资源税

资源税是以各种应税自然资源为课税对象、为了调节资源级差收入并体现国有资源有偿使用而征收的一种税。

（1）资源税的基本税率。1984年财政部颁布《资源税若干问题的规定》开始征收资源税，征收基数是销售利润超过12%的利润部分。财政部于1986年颁布了《关于对原油、天然气实行从量定额征收资源税和调整原油产品税税率的通知》，规定油气资源税不再针对超额利润征收，而实行从量计税，纳税人开采或者生产油气资源产品销售的，以销售数量为课税数量。1993年国务院颁布《中华人民共和国资源税暂行条例》，从量计税得到进一步确认，条例规定，天然气资源税的应纳税额按照应税产品的课税数量和规定的单位税额计算，天然气单位税额为2.00—15.00元/吨。

2010年6月1日，国家财政部以财税〔2010〕54号文下发“关于印发《新疆原油天然气资源税改革若干问题的规定》的通知”，规定在新疆开采的原油、天然气资源税从原来的从量计征改为从价计征，税率为5%。新疆油气资源税试点改革是我国资源税从价计征的成功探索。鉴于新疆试点的成功，2010年12月1日起，又将在新疆实行的石油、天然气资源税改革推广到西部地区的12个省。

2011年11月，国家公布修改的《中华人民共和国资源税暂行条例》在全国推广从价计征石油、天然气资源税，税率为销售额的5%—10%（详见“资源税税目税率表”），从而扩大了油气资源税的纳税人范围，公平了内外资油气田企业税负。①

（2）天然气行业资源税优惠政策。2010年新疆试点还明确了如下税收优惠政策：纳税人有下列情形之一的，免征或者减征资源税：一是油田范围内运输稠油过程中用于加热的原油、天然气，免征资源税。二是稠油、高凝油和高含硫天然气资源税减征40%。三是三次采油资源税减征30%。

新疆试点中的优惠政策在出台的后续规定中得到确认与推广。《中华人民共和国资源税暂行条例》原则性规定，开采原油过程中，用于加热、修井的原油资源税，纳税人开采或者生产应税产品过程中，因意外事故或者自然灾害等原因遭受重大损失免征资源税。2011年12月1日，财政部、国家税务总局下发《关于原油天然气资源税改革有关问题的通知》（财税〔2011〕114号），在新疆试点的基础上，进一步扩大了优惠的范围，对低丰度油气田资源税暂减征20%，对深水油气田资源税减征30%。

5. 进口关税

进口关税是一个国家的海关对进口货物和物品征收的关税。为了支持我国陆上特定地区（如沙漠、戈壁等）、海洋的石油（天然气）勘探开发，财政部、海关总署、国家税务总局分别于2011年8月和11月，联合下发《关于"十二五"期间在我国陆上特定地区开采石油（天然气）进口物资税收政策的通知》与《关于"十二五"期间在我国海洋开采石油（天然气）进口物资免征进口税收的通知》。规定自2011年1月1日至2015年12月31日，对进口国内不能生产或性能不能满足要求，并直接用于开采作业的设备、仪器、零附件、专用工具，在规定的免税进口额度内，免征进口关税和进口环节增值税。

6. 土地使用税

1989年8月，国家税务局下发《关于对中国石油天然气总公司所属单位用地征免土地使用税问题的规定》（国税地字〔1989〕88号），对中国石油天然气总公司所属企业、单位用地征免土地使用税问题做了规定。不仅对各种采油（气）井、注水（气）井、水源井用地，油田内办公、生活区以外的公路、铁路专用线及输油（气、水）管道用地等免征土地

---

① 我国的资源税改革对于完善资源产品价格形成机制、更好引导经济结构调整、缓解中西部地区财力紧张等都具有重要意义。但与此同时，资源税改革提高了天然气开采企业的税务负担。

使用税，而且对在城市、县城、建制镇以外工矿区内的规定油气生产、生活用地，也暂免征收土地使用税。

（二）天然气行业收费

1. *矿产资源补偿费*

为了保障和促进矿产资源的勘察、保护和合理开发，维护国家对矿产资源的财产权益，1994 年 2 月 27 日，国务院根据《中华人民共和国矿产资源法》的有关规定，发布《矿产资源补偿费征收管理规定》（国务院令〔1994〕第 150 号，国务院令〔1997〕第 222 号进行了修改），明确在中华人民共和国领域和其他管辖海域开采矿产资源，应当依照规定缴纳矿产资源补偿费。石油天然气企业依据《开采海洋石油资源缴纳矿区使用费的规定》（1988 年 12 月 5 日国务院批准，1989 年 1 月 1 日财政部第 1 号令发布）和《中外合作开采陆上石油资源缴纳矿区使用费暂行规定》（1990 年 1 月 13 日国务院批准，1990 年 1 月 15 日财政部第 3 号令发布），缴纳矿区使用费，其他采矿人一律缴纳矿产资源补偿费。

不过，2011 年，国土资源部下发《关于修改〈关于矿产资源补偿费征收管理工作中若干问题的补充规定〉的通知》（国土资发〔2011〕229 号），规定自 2011 年 11 月 1 日起，中外合作开采陆上、海洋石油资源的中国企业和外国企业，应依法缴纳矿产资源补偿费。但通知施行前已依法订立的中外合作开采陆上、海洋石油资源的合同，在已约定的合同有效期内，继续按照当时国家有关规定缴纳矿区使用费，不缴纳矿产资源补偿费；合同期满后，依法缴纳矿产资源补偿费。

按照现行规定，天然气矿产资源补偿费按照天然气销售收入的一定比例计征，费率为 1%。另外，开采低品位天然气资源等可以减缴矿产资源补偿费，对符合条件的探矿权使用费、探矿权价款、采矿权使用费、采矿权价款也可以享受一定减缴、免缴。

2. *矿区使用费*

天然气矿区使用费的征收对象为在中华人民共和国内海、领海、大陆架及其他属于中华人民共和国行使管辖权的海域内依法从事开采海洋石油资源的企业。天然气矿区使用费按照天然气总产量计征，属于中央和地方共享收入。

1990 年 1 月，财政部发布了关于《中外合作开采陆上石油资源缴纳矿区使用费暂行规定》（财政部〔1990〕3 号令），规定从事合作开采陆上石油资源的中国企业和外国企业，应当缴纳矿区使用费。1995 年 7 月 28 日，为了鼓励外商来华投资合作开采陆上石油资源，财政部、国家税务总局对〔1990〕3 号令第 3 条、第 12 条做了修订，较大幅度地降低了矿区使用费费率，并分青海、西藏、新疆以内和以外而设定不同费率。详见表 4 -8 和表 4 -9 相关内容。

表 4 -8　中外合作在青海、西藏、新疆开采的陆上天然气企业以及中外合作开采海洋天然气企业适用税率

年度天然气总产量	费率
不超过 20 亿立方米的部分	免征矿区使用费
超过 20 亿立方米至 35 亿立方米的部分	费率为 1%
超过 35 亿立方米至 50 亿立方米的部分	费率为 2%
超过 50 亿立方米的部分	费率为 3%

资料来源：根据 Young，E.（2012）“Global oil and gas tax guide” 和《开采海洋石油资源缴纳矿区使用费的规定》（1989 年 1 月 1 日）内容整理。

表 4 -9　中外合作在青海、西藏、新疆以外地区开采的陆上天然气企业适用税率

年度天然气总产量	费率
不超过 10 亿立方米的部分	免征矿区使用费
超过 10 亿立方米至 25 亿立方米的部分	费率为 1%
超过 25 亿立方米至 50 亿立方米的部分	费率为 2%
超过 50 亿立方米的部分	费率为 3%

资料来源：根据 Young，E.（2012）“Global oil and gas tax guide” 内容整理。

1989 年 1 月 1 日，根据《中华人民共和国对外合作开采海洋石油资源条例》，经国务院批准，财政部发布《开采海洋石油资源缴纳矿区使用费的规定》，规定在内海、领海、大陆架及其他属于中华人民共和国行使管辖权的海域内依法从事开采海洋石油资源的中国企业和外国企业，应当依照本规定缴纳矿区使用费。

与《中华人民共和国资源税暂行条例》相适应，2011 年国务院修改《中华人民共和国对外合作开采陆上石油资源条例》和《中华人民共和国对外合作开采海洋石油资源条例》，规定自 2011 年 11 月 1 日起，中外合作开采海洋天然气资源和陆上天然气等石油资源的企业缴纳资源税，不再缴纳矿区使用费。但是，决定施行前已依法订立的合同，在已约定的合同有效期内，继续依照当时国家有关规定缴纳矿区使用费，不缴纳资源税；合同期满后，依法缴纳资源税。

3. 其他

在我国开采天然气资源，还需要缴纳探矿权使用费和价款、采矿权使用费和价款、河道维护费、水资源费等。表 4－10 为某石油天然气集团公司 2013 年执行的行政收费项目。

表 4－10　　某公司 2013 年执行的行政收费项目

序号	行政收费	公司执行	序号	行政收费	公司执行
1	矿产资源补偿费	√	8	探矿权使用费	√
2	矿区使用费	√	9	探矿权价款	√
3	价格调节基金	√	10	采矿权使用费	√
4	河道维护费	√	11	采矿权价款	√
5	水利建设基金	√	12	水资源费	√
6	文化事业建设费	√	13	残疾人就业保障金	√
7	石油特别收益金	√	14	人防费	√

（三）非常规天然气的财税政策

非常规油气在世界油气新增储量和产量中所占的比例越来越大，已成为世界油气工业发展的必然趋势。我国非常规油气藏分布十分广泛，资源潜力巨大，是我国未来重要的接替能源（王美田，2014）。考虑到非常规天然气的特点，这里对其财税政策展开详细分析。

1. 煤层气

煤层气是指赋存于煤层及其围岩中与煤炭资源伴生的非常规天然气，也称煤矿瓦斯。国家对煤层气开采非常重视，特别是在 2006 年 6 月 19

日，国务院办公厅下发了《关于加快煤层气（煤矿瓦斯）抽采利用的若干意见》（国办发〔2006〕47号），在增值税、所得税税收优惠等方面支持煤层气企业作出部署。下面就2006年以来，国家为鼓励煤层气开发利用，相继出台的一些财税政策做一介绍。

（1）进口关税和进口环节增值税方面。在进口关税和进口环节增值税方面，2006年10月25日，财政部、海关总署、国家税务总局颁布《关于煤层气勘探开发项目进口物资免征进口税收的规定》（财关税〔2006〕13号）通知规定，中联煤层气有限责任公司及其国内外合作者，在我国境内进行煤层气勘探开发项目，进口国内不能生产或国内产品性能不能满足要求，并直接用于勘探开发作业的设备、仪器、零附件、专用工具，免征进口关税和进口环节增值税。除中联煤层气有限责任公司外，其他从事煤层气勘探开发的单位，应在实际进口发生前向财政部提出申请，经财政部、海关总署、国家税务总局等有关部门认定后，享受上述进口税收优惠政策。该规定延续了2002年出台《关于煤层气勘探开发作业项目进口物资免征进口税收的暂行规定》的精神，并将优惠范围拓展至其他天然气生产企业，2011年8月30日，财政部、海关总署、国家税务总局又下发了《关于“十二五”期间煤层气勘探开发项目进口物资免征进口税收的通知》（财关税〔2011〕30号），对“十二五”期间，在我国境内进行煤层气勘探开发项目免征进口关税和进口环节增值税做了规定。

（2）增值税方面。在2007年，财政部、国家税务总局下发《关于加快煤层气抽采有关税收政策问题的通知》（财税〔2007〕16号），规定对煤层气抽采企业的增值税一般纳税人抽采销售煤层气实行增值税先征后退的政策。在此之前，国家对中联公司中外合作开采陆上煤层气按实物征收5%的增值税，以及中联公司自营开采陆上煤层气增值税超5%税负返还。

（3）所得税扣除方面。在所得税扣除方面，财税〔2007〕16号文规定，对独立核算的煤层气抽采企业购进的煤层气抽采泵、钻机、煤层气监测装置、煤层气发电机组、钻井、录井、测井等专用设备，统一采取双倍余额递减法或年数总和法实行加速折旧；对独立核算的煤层气抽采企业利用银行贷款或自筹资金从事技术改造项目国产设备投资，其项目所需国产设备投资的40%可从企业技术改造项目设备购置当年比前一年新增的企业所得税中抵免。[①] 对煤层气抽采企业的增值税一般纳税人抽采销售煤层气先征后退的增值税税款不再征收企业所得税。增值税和企业所得税在企业纳税中所占比例很高，因此这项规定大幅降低了企业的纳税负担（丁浩和张书通，2014）。

（4）生产性劳务“营改增”方面。在生产性劳务营业税方面，2013年5月30日，国家税务总局发布《关于油气田企业开发煤层气页岩气增值税有关问题的公告》（公告2013年第27号），规定自2013年7月1日起，油气田企业从事煤层气等生产，以及为生产煤层气等提供生产性劳务，按照《油气田企业增值税管理办法》缴纳增值税。提供生产性劳务企业由营业税改征增值税，生产性不动产进项税可抵扣，这会大幅减轻两项业务的税收负担，有利于石油公司开发煤层气等非常规油气资源（陈嘉茹等，2014）。

（5）煤层气资源税费方面。2007年2月7日，财政部、国家税务总局下发《关于加快煤层气抽采有关税收政策问题的通知》（财税〔2007〕16号），该通知第5条规定，对地面抽采煤层气暂不征收资源税。第15条规定，对地面直接从事煤层气勘查开采的企业，2020年前可按国家有关规定申请减免探矿权使用费和采矿权使用费。按照1998年12月3日国土资源部对中联煤层气有限责任公司《关于免缴煤层气探矿权采矿权使用费和价款问题的复函》（国土资函383号）的精神，任何单位、任何矿种均应按规定缴纳探矿权、采矿权使用费及价款。不过，2000年9月21日，国土资源部下发《关于国家紧缺矿产资源探矿权采矿权使用费减免办法的通知》（国土资厅发〔2000〕76号）指出，根据国土资源部、财政部联合印发的《关于印发〈探矿权采矿权使用费减免办法〉的通知》（国土资发〔2000〕174号）精神，可申请煤层气探矿权、采矿权使用费减免。财税〔2007〕16号第15条的规定延续了这一优惠政策。

（6）财政补贴。2007年4月20日，财政部颁布《关于煤层气（瓦斯）开发利用补贴的实施意见》（财建〔2007〕114号），对煤层气民用燃气等进行适当补贴，中央按0.12元/立方米煤层气（折纯）标准对煤层气开采企业进行补贴，在此基础上，地方财政可根据当地煤层气开

---

① 但是，对其他非常规油气却没有类似的规定。

发利用情况对煤层气开发利用给予适当补贴，具体标准和补贴办法由地方财政部门自主确定。

企业开采煤层气用于发电的部分，不享受补贴政策，享受《国家发展改革委印发关于利用煤层气（煤矿瓦斯）发电工作实施意见的通知》（发改能源〔2007〕721号）规定的相关政策。通知提出：煤层气（煤矿瓦斯）电厂不参与市场竞价，不承担电网调峰任务。按照文件精神，煤层气（煤矿瓦斯）电厂上网电价，比照国家发展改革委制定的《可再生能源发电价格和费用分摊管理试行办法》中生物质发电项目上网电价。补贴电价标准为0.25/千瓦时。发电项目自投产之日起，15年内享受补贴电价。

（7）煤层气财税政策展望。2013年9月22日，国务院办公厅公布了《关于进一步加快煤层气（煤矿瓦斯）抽采利用的意见》（国办发〔2013〕93号），再次提出提高财政补贴标准，完善增值税优惠政策，加大所得税优惠力度，完善煤层气价格和发电上网政策，加强煤层气矿业权管理等，推进科技创新以支持煤层气抽采利用（陈嘉茹等，2014）。这些政策的落实将对促进煤层气抽采发挥重大影响。

2. 页岩气

页岩气是指存于富有机质泥页岩及其夹层中，以吸附或游离状态为主要存在方式的非常规天然气，成分以甲烷为主，是一种清洁、高效的能源资源。近年来，我国开始启动对页岩气的开发，2009年后我国页岩气勘探开发加速，2011年年底国土资源部批准页岩气成为独立矿种。

为加快我国页岩气发展步伐，规范和引导“十二五”期间页岩气开发利用，2012年3月13日，国家发展改革委、财政部、国土资源部、国家能源局印发《页岩气发展规划（2011—2015年）》（发改能源〔2012〕612号）。规划提出，参照煤层气财政补贴政策，研究制定页岩气具体补贴政策；依法取得页岩气探矿权采矿权的矿业权人或探矿权采矿权申请人可按照相关规定申请减免页岩气探矿权和采矿权使用费；对页岩气勘探开发等鼓励类项目项下进口的国内不能生产的自用设备（包括随设备进口的技术），按有关规定免征关税等，为页岩气财税政策的出台作出部署。

（1）在财政补贴方面。2012年11月1日，财政部、国家能源局联合下发《关于出台页岩气开发利用补贴政策的通知》（财建〔2012〕847号）指出，中央财政对页岩气开采企业给予补贴，2012—2015年的补贴标准为0.4元/立方米，补贴标准将根据页岩气产业发展情况予以调整，并鼓励地方财政根据当地页岩气开发利用情况对页岩气开发利用给予适当补贴。

（2）生产性劳务“营改增”方面。2013年5月30日，国家税务总局发布了《关于油气田企业开发煤层气页岩气增值税有关问题的公告》，不仅规定了煤层气享受生产性劳务由营业税改征增值税、生产性不动产进项税可抵扣的优惠，生产页岩气企业同样有该项政策优惠。

（3）页岩气财税政策展望。2013年10月30日，国家能源局发布了《页岩气产业政策》，将页岩气开发纳入国家战略性新兴产业，不仅重申了上述财政补贴政策（第31条、第32条），强调页岩气勘探开发等鼓励类项目项下进口的国内不能生产的自用设备（包括随设备进口的技术），按现行有关规定免征关税（第34条），还提出将对页岩气开采企业减免矿产资源补偿费、矿权使用费，研究出台资源税、增值税、所得税等税收激励政策（第33条）。但是，此次《页岩气产业政策》中的许多规定与《页岩气发展规划（2011—2015年）》中的一样，还需要进一步细化，例如税费减免等需要财政部、国税局出台具体实施办法（陈嘉茹等，2014）。

3. 致密气

致密气也称致密砂岩气，是指渗透率小于0.1毫达西的砂岩地层天然气，与页岩气、煤层气同为世界公认的三大非常规天然气。目前，中国的三大非常规天然气开发进程中，致密气步伐遥遥领先，我国致密气已在鄂尔多斯、四川盆地实现工业开发利用。

但是，中国致密气藏与常规天然气藏常常是重合存在的，在开采的过程中，难以严格区分致密气和常规天然气的产量。而且，目前世界上并无统一的致密气标准和界限，不同国家之间对致密气的衡量标准存在差异，致密气在中国仍未单独被列入独立矿种，尚未形成单独针对致密气的核准概念。正因如此，近年来中国对煤层气、页岩气气价和开发都存在补贴和鼓励政策，而对致密气却无特别的支持政策。

三 天然气产业财税政策的国际比较

国际液化天然气贸易区域性很强，可以分为北美洲、欧洲和亚洲三个市场，每个市场都有自己独特的定价方法和特点。与石油价格不同，不同国家或地区的天然气价格差距颇大，税收在其中所占的份额也明显不同。

图4－2和图4－3分别为IEA国家民用和工业用天然气价格以及税收占比。从中可以发现，欧洲大陆国家，特别是北欧国家，如丹麦、芬兰、瑞典等国，税收在天然气价格中的占比较高，而在英国、加拿大等国，税收在天然气价格中所占份额则相对较低。以丹麦为例，税收在民用天然气价格中的占比为56%，是所考察国家中占比最高的国家，同样地，在芬兰，税收在民用和工业用天然气价格中的占比分别达40%和29%。在丹麦、芬兰等国，消费者支付的天然气价格中税收所占份额高，而在英国、加拿大，税收在天然气价格中所占份额明显较低。在英国，民用天然气价格中，5%为税收部分，而在工业用天然气价格中，仅2%为税收部分。在加拿大，税收在民用和工业用天然气价格中的占比均只有5%。

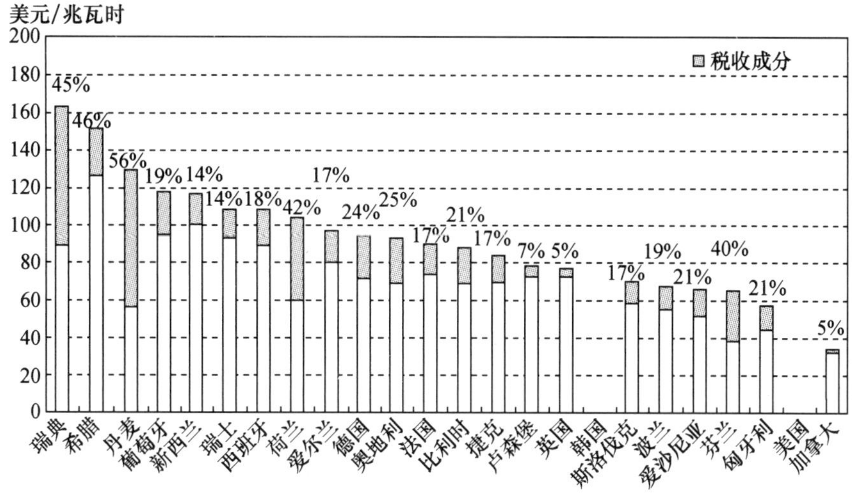

图4－2 2013年IEA国家民用天然气价格

注：韩国、美国税收数据不详。

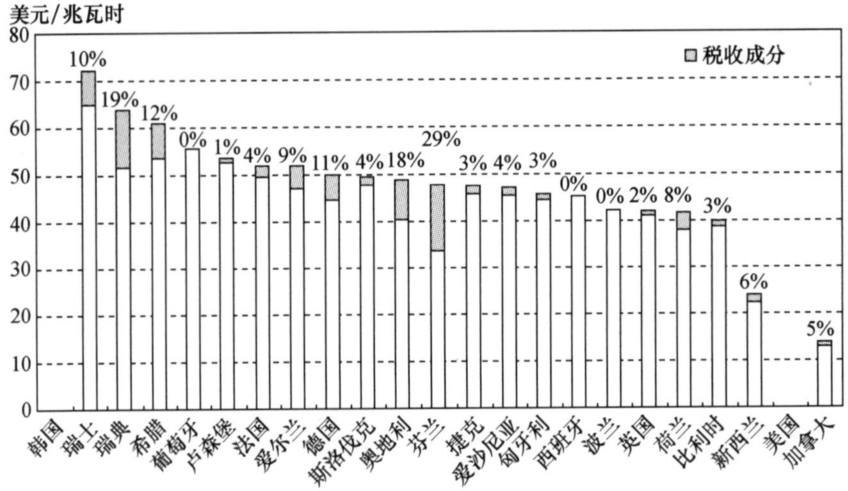

图 4－3　2013 年 IEA 国家工业用天然气价格

注：韩国、美国税收数据不详。

（一）美国

1. 概述

美国天然气行业财税政策主要包括公司所得税、开采税、特许权使用费等(如表 4－11 所示)。

表 4－11　　美国天然气行业财税政策

税种	税率及规定
特许权使用费 （Royalties）	陆上：12.5%—30% 具体税率与矿权所有者协商或者进行投标 海上：在 2008 年 3 月 19 日前通过拍卖取得租赁权的，费率为 18.75%，在此之前的特定时间段拍卖所取得租赁权的，费率为 16.667%，更早的费率为 12.50%
签约定金 （Bonuses）	陆上：与矿权所有者协商或者进行拍卖 海上：竞标确定
公司所得税 （Cooptation Income tax）	35%

续表

税种	税率及规定
开采税（Severance tax）	开采税归产品开采地所在的州，征收范围包括陆上和州所属的海域。税率和税基因州而异，采用从量定额或者从价定率的方式计征，另外，不同类型的产品的税率通常是不同的
资本免税额（Capital allowances）	加速折旧；无形钻井成本加速摊销
投资激励（Investment incentives）	损失可向后结转 20 年；鼓励研究开发投入

资料来源：根据安永会计师事务所 *Golbal oil gas tax guide*，2014 整理。

2. 财税制度

（1）公司所得税。美国居民企业就其全球收入缴纳所得税，包括海外分支机构收入，税率为 35%。非居民公司就来源于美国的不受预提所得税条款和保护条款约束的收入缴纳所得税，税率为 35%。35% 的税率同样适用于石油天然气活动和非油气活动。

美国公司在确定所得税时不适用篱笆圈原则。同一纳税实体的项目之间的损益可以互相抵消，同一纳税实体上游活动和下游活动的损益可以相互抵消。美国税法允许美国母公司和其拥有的其他美国公司，或者直接或者间接拥有不低于 80% 的投票权或者价值的公司，形成合并集团作为一个纳税单位。

公司所得税根据应纳税所得额征收。应纳税所得额等于总收入减去扣除额。总收入包括所有应纳税的普通收入和资本收入（依据税法决定）。扣除额包括产生总收入过程中发生的支出及为得到总收入而进行的必要活动的支出。但是，资本性支出通常不可直接扣除，而是可以通过无形钻井成本（Intangible Drilling Costs，IDC）扣除、无形完井成本（Intangible Completion Costs，ICC）扣除、租赁费扣除或摊销、有形资产加速折旧等方式得到补偿。另外，其他形式的资本支出也允许扣除，例如，组织早期经济活动的支出（在 15 年间资本化或摊销的组建成本）。

美国石油天然气行业税收政策中一个最重要的原则是，几乎所有涉及资产的计算都是基于财产税（Property Tax，又称财产课税税权）的。美国居民企业在国外进行的石油天然气活动取得的收入在美国也要纳税，美国企业在国外已付或者应计所得税在一定条件下可以递减。

（2）最低税收制度。除了一般的税收体系，美国还实行可替代的最低税收（Alternative Minimum Tax，AMT）制度，该制度要求对可替代的最低应税收入（AMTI）进行独立计算。可替代最低税收税率为20%。对于拥有较大无形钻井成本扣除的石油天然气公司，特别是在由于无形钻井成本扣除、计入后期亏损、商品价格偏低而导致较低应税收入的年份，可替代的最低税收对其影响较大。

确定一个公司的可替代的最低税收，可对其一般的税收收入做诸多调整。最能影响石油天然气行业的项目是折旧、无形钻井成本、存活后进先出法（Last - in，First - out Inventory Method，LIFO）。其计算过程相当复杂，这里不再赘述。

（3）州和地方税。在美国，州和地方税是在陆地或州所有的海域从事商业活动的一个重要成本。每个州都有自己的税收法规（Tax Statute），相当复杂，这里仅述一二。

州所得税（State Income Tax）。大多数州对在其辖区从事商业活动的企业征收所得税。州所得税税率一般在0%—12%。

州特许经营税（State Franchise Tax）。许多州征收特许经营税，税额为分摊资产（Apportioned Assets）、资本存量或净值乘以特许经营税率。特许经营税率一般为应税收入（Taxable Base）的0.15%—1.0%。

（4）外国实体税（Foreign Entity Taxation）。外国实体税与投向美国石油天然气的入境投资（Inbound Investment）有关，在石油天然气领域扮演了独特的角色。

（5）资本所得（Capital Gains）。变卖固定资产（Capital Assets）损益通常要在美国交税，税率通常为35%。资本损益的确定是从收益中扣除资产的调整成本。

（6）股利（Dividends）。由美国居民企业支付的股利为应税收入，除非这些股利符合股利所得扣除规定或适用于税收减免条款。

（7）特许权使用费。石油特许权使用费（Petroleum Royalties）要支付给矿权所有者，这些所有者可能是州政府或者联邦政府、个人、印第安保留区、企业、合伙企业或者其他实体。特许权使用费要从开采权益所有者的总收入中扣除。

对于陆上项目，要付给矿权所有者井口使用费（Wellhead Royalties）。井口使用费通常按照生产石油的所有井口的总价值的12.5%—30%（根据租约或者合同）征收。井口总价值一般是生产地现货价格或者实际获得的收入减去成本。其中，成本包括用于处理、储存、运输等的费用。

对于海上项目，要依据拍卖时确定的使用费百分比（The Royalty Percentage），向联邦政府支付井口使用费（如果井位于某州的水域，则要适当地给该州支付部分井口使用费）。如前所述，使用费是按照生产井口总价值支付的。

需要补充说明的有：第一，按照美国所得税法，纳税人的应税收入必须以美元来计量。第二，对于转让定价，美国税法有专门的规定，这些规定可以确保与跨境交易相关的应税收入是基于公平交易价格的。美国税法规定了多种确定公平交易价格的方法，还提供了复杂严谨的文件，以便企业按照要求选择这些确定价格的方法。这些规定通常与大宗商品的销售、公司内部交易、公司间的融资安排、裸船租赁等有关。第三，美国没有专门针对非常规油气的特别条款。

3. 资本减免

石油天然气行业是资本密集型产业。出于美国税收的目的，税法对与获得项目有关的成本、开发项目的成本和与生产相关的成本给予不同的处理。与生产相关的成本一般可在实际发生或预提（Accrued）的当年抵扣。项目获得成本和开发成本（Acquisition and Development Costs）一般可为记账或纳税目标而资本化为支出。需要注意的是，基于特定的法定权限（Statutory Authority），有些可资本化的支出也允许被扣除。

还要注意的是，适用于外国租赁的规则与适用于美国国内租赁的规则有所不同。美国国内租赁包括墨西哥湾200英里以内的租赁。通常，外国租赁的所有者需要在更长的时间内资本化和折旧或摊销这些成本。租赁成本（Leasehold Costs）则只能通过成本折耗来回收。

另外，退税规则因公司而异。综合性石油公司（Integrated Oil Company）、独立生产商（Independent Producer）、主要综合石油公司（Major Integrated Oil Company）适用的退税规则差异明显。如果一个公司从事开采和生产活动，而且在纳税年度（Taxable Year）石油和天然气零售总收入超过500万美元或者炼油厂产出平均每天超过75000桶，那么该公司则可称为综合性生产商。独立生产商或者矿藏开采权所有者被称为纳税人而不是一个综合生产商。在2006年，国会从综合性生产商中分离出“主要综合性石油公司”这个概念，指世界范围内平均日产量不低于500000桶，2005日历年终止的上个纳税年度的总收入超过10亿美元，在原油提炼中至少拥有15%所有权的石油公司。

需要说明的是，租赁购置成本（Leasehold Acquisition Costs）包括获得租赁权的成本（例如，租赁红利支付、拍卖竞标支付，在2005年8月9日之前发生的地质地球物理成本、律师费用和转让费用）。这些成本资本化为获得财产的价值，并通过折耗来回收。折耗的计算要和资产的计税基础相匹配，并且在资产的整个寿命周期内分摊。

4. 间接税

（1）增值税。美国没有增值税。

（2）销售税和使用税（Sales and Use Taxes）。美国的大多数州和地方（例如，城市、县、郡、运输区）都要就销售征收销售税（Sales Tax），转售除外。征税对象通常包括个人有形资产和各类服务。计税依据一般包括出售的个人有形资产的全额，包括买方提供的与交易相关的任何服务。除另有规定之外，单独买卖的服务一般不征税。

另外，大多数州和地方征收使用税（Use Tax）。使用税是对购买的应税商品储存、使用或其他形式的消费而征收的，需要强调的是，这些应税商品的卖方未被征收销售税。消费税和使用税一般占到应税商品公允价值（fair value）的3%—9%。

如果一个公司在某地成立了合伙公司（Nexus），一般需要获得销售税证（Sales Tax Permit），代替政府从顾客处收缴合适的税收，填报销售税申报表（Sales Tax Returns）。

（3）财产税（Property Tax）。许多州、郡和城市就纳税人某一特定时点的不动产和有形动产征收从价税（Ad Valorem Tax）。财产税根据不动产和个人财产的评估价值计征，评估价值由评估人员根据公允市价评估，财产税征税数额为评估价值的一定百分比。一般而言，财产价值评估以每年1月1日为准，公允市价必须按照公认的评估方法来确认，这些方法包括市场法、成本法或收入法。

（4）资源税/开采税（Severance Tax）。美国许多州对石油、天然气、煤炭等自然资源开采征税，美国50个州中已有38个州开征了开采税。各州自行制定开采税税率，美国开采税税率有两种形式：定额税和比例税率。开采税在天然气由本州销售到州外时征收，这种征收方式有利于保护资源地利益，提高资源地税收收入。在本地进行天然气开采的居民或企业是开采税的纳税人，但本州外的天然气需求者或购买者才是真正的负税人（王美田，2014）。

（5）石油产品税（Petroleum Products Tax）。许多州会对在本州内交货的石油产品征税。一般而言，任何公司将石油产品卖给非特许分销商或不具有直接付款执照的买家，需要根据石油产品买卖总收入缴纳石油产品税。

（6）其他税。除了上述税种，许多州征收其他税——州特定的税。例如，一些州会对在本州运输、销售、使用、消费的石油产品征收检测费。一些州会对通过管道运输天然气的公司征税，一些州依据有害废物控制法对地下储油罐征收费用。

（7）进口税。所有从国外运进美国的商品、设备、材料都要缴纳海关进口税。关税税率可能是从价的也可能是从量的，或者是两者的组合。例如，液化天然气通常是免税的，润滑油按照进口价的5.8%征税。

（8）消费税（Excise Tax）。在美国生产的许多商品要缴纳美国联邦消费税，包括石油产品、酒精、烟草和一些奢侈品。以下燃料要征收消费税：汽油、柴油、压缩天然气。

（二）俄罗斯

1. 概述

自1999年以来，俄罗斯对天然气行业财税政策进行了不断改革和完善，俄罗斯政府于1999年通过了《俄罗斯联邦税法典》第一部分，规定了俄罗斯税收体制的基本原则，2000年通过了《俄罗斯联邦税法典》第二部分，对增值税、个人所得税、消费税和统一社会税等做了详细规定。2001年俄罗斯政府对《俄罗斯联邦税法典》做了修改和补充，对利润税、消费税、采矿税做了规定。

俄罗斯天然气行业的财税政策主要有公司所得税、采矿税和出口关税等。

2. 财税制度

（1）公司所得税。公司所得税是俄罗斯预算体系最重要的收入来源之一，约占财政收入的17%，是俄罗斯第一大税种。

表 4－12　俄罗斯天然气行业财税政策

主要财税政策	税率
所得税 (Profits Tax Rate)	20%
采矿税（Royalties 或 Mineral Extraction Tax） 原油 天然气 气体凝析油	 每吨 493 卢布（14 美元），要考虑调整系数 每 1000 立方米 700 卢布（21 美元）① 每吨 647 卢布（19.40 美元）
出口关税 (Export Duty)	原油：35%—59%（与油价挂钩） 天然气：30% LNG：0%
签约定金 (Bonuses)	签约定金是针对指定的许可，法律上没有限定最大数量签约定金。最少的一次性支付不低于采矿税（Mineral Extraction Tax，MET）的 10%，采矿税以平均年计划开采量为计算依据
产品分成合同 (Production Sharing Contract)	除非是出自国际公约，一般情况下不订立产品分成合同
资本免税额	远北方地区（最高两倍于标准率）和新的离岸碳烃矿床（Off-shore Hydrocarbon Deposit）（最高三倍于标准率）使用的设备可加速折旧，勘探成本扣除超过 12 个月
投资激励	对于储存在萨哈人共和国（雅库特）、伊尔库茨克州和克拉斯诺雅茨克、北极圈以北、亚速海、里海、涅涅茨自治州、亚马尔半岛满足一定条件的碳烃矿床给予 5—15 年的免税期

资料来源：根据安永会计师事务所 *Golbal oil gas tax guide*，2014 整理。

公司所得税的一般规定

俄罗斯居民企业需要就他们在全球所得缴纳所得税。外国公司在俄罗斯通过设立永久机构经营的也需要缴纳所得税。应税所得等于不可扣除收入（Non－Exempt Income）减去抵扣额。不可扣除收入包括销售收入和非销售收入。抵扣额包括按照俄罗斯法律规定的支出，但资本性支出不可直

① 自 2014 年 7 月 1 日实行。

接扣除。开发成本一般可在开发工作的特定阶段完成后 12 个月内扣除。未成功的开发成本也可在 12 个月内冲销。发展成本（Development Cost）可通过建设的固定资产折旧来扣除。

企业所得税税率为 20%，石油和天然气活动适用的税率为 20%。公司所得税收入必须按照 2% 和 18% 的比例支付给联邦和地方。俄罗斯的立法机构有权对特定的纳税人降低税率，但是最低税率不能低于 15.5%。损失可往后转接 10 年。

篱笆圈原则

俄罗斯在确定石油和天然气活动的所得税时并不适用篱笆圈原则。同一法律实体一个项目的损失可以用另一个项目的利润弥补，类似地，上游活动的利润和损失可以用同一个俄罗斯公司下游业务的损失和利润来弥补。

2016 年 1 月 1 日及其之后的新的海外项目的商业生产适合篱笆圈限制。税收合并仅适合按照非常严格标准确定的有限数量的公司［例如，集团的年收入不低于 1000 亿卢布（大约 30 亿美元）］。

（2）采矿税。采矿税是对开采天然气、凝析油和原油等矿产资源征收的一个税种，对陆上和海洋开采矿产资源的计税方式没有差别。采矿税在计算所得税时可以作为抵减项。

按照现行税制，天然气按 700 卢布/千立方米征收采矿税。对于隶属于非俄罗斯天然气工业股份公司（Non - Gazprom）的公司，采矿税需要乘以 0.673 的减扣系数（Reducing Coefficient）。气体凝析油按 647 卢布/吨征收采矿税。

从 2014 年 7 月 1 日开始，适用于天然气和气体凝析油的采矿税固定税率改为按公式计算获得。公式的系数因具体情况不同而有所差异，此处不再赘述。

再注入以保持油气田压力的天然气无须缴纳采矿税。

（3）出口关税。出口关税及其税率是由俄罗斯政府决定，税率每个月都改变。政府根据地中海和鹿特丹市场价格计算每个月乌拉尔混合原油的平均价格。

从东西伯利亚和里海的部分油田开采的原油可以享受政府规定的零出口关税。天然气的出口税率为 30%，LNG 的出口税率为 0。

俄罗斯法律规定只有俄罗斯天然气工业股份公司和它的全资子公司才

有资格从俄罗斯出口天然气。

3. 适用于大陆架项目的特别的税收和关税

从2014年1月1日起，俄罗斯对大陆架项目开始实行新的税收和关税制度。这个制度适用于俄罗斯领土的水域、大陆性的大陆架和（或）俄罗斯里海（Caspian Sea）的离岸碳烃矿床。“新的离岸碳烃矿床”是指对碳烃物形成商业开采时间在2016年1月1日及其以后的碳烃矿床。

适用于新的离岸碳烃矿床的采矿税

新的离岸碳烃矿床分为四类，每一类适用于不同的采矿税税率：

第一类，位于亚速海（Azov Sea），或者至少50%位于波罗的海（Baltic Sea）的矿床，生产开始后的60个月（最晚不超过2022年3月31日），采矿税税率为30%。

第二类，至少50%位于黑海（达100米深）或在伯朝拉海（Pechora Sea）、白海（White Sea）或在俄罗斯里海（Caspian Sea）或在鄂霍次克海（Sea of Okhotsk）南部的矿床，生产开始后的84个月（最晚不超过2032年3月31日），采矿税税率为15%。

第三类，至少50%在黑海深水区域、鄂霍次克海北部或者巴伦支海（Barents）南部的矿床，对除天然油气外的碳烃物，生产开始后的120个月（最晚不超过2037年3月31日），采矿税税率为10%，对于同期开采的天然油气，采矿税税率为1.3%。

第四类，至少50%在卡拉海（Kara Sea）、巴伦支海（Barents）北部、北极东部的矿床，开采天然油气的开采税税率为1%，由无权将从新的离岸碳烃矿床开采天然油气制成的LNG产品出口到国外的公司开采的其他碳烃物，开采税税率为4.5%，其他情况下的为5%。这些税率适用于生产开始后的180个月（最晚不超过2042年3月31日）。

适用于其他离岸碳烃矿床的采矿税

执照在2009年1月1日之前发布的地下矿点、在2015年1月1日累计的采油量达到350000吨、耗减水平低于或等于0.05的，开采税税率为0%。位于北极圈东部、全部或部分在内海边界内部和俄罗斯大陆性的大陆架的矿点，从2015年1月1日起，矿点开发期不超过或等于7年，开采税税率也为0%（Young，2014）。

4. 资本减免

（1）折旧。从税收角度，计提折旧的资产包括使用年限有限和随着使用价值下降的资产。计提折旧的固定资产的服务期超过 12 个月，价值超过 4000 卢布。

纳税人根据税法的规定有权选择直线折旧法或者余额递减法，房屋建筑物和传输设施一般选择直线折旧法。

（2）特殊津贴。购买或者更新改造固定资产的费用的 10%（不超过固定资产价值的 30%）可以立即扣除。对于符合一定条件的固定资产和在北极圈以及远北地区使用的固定资产有更优惠的加速折旧规定，勘探费通常会在 12 个月之后全部抵消。

5. 间接税

（1）增值税。1992 年 1 月 1 日俄罗斯正式引入增值税，增值税约占财政收入的 14%，是俄罗斯第二大税种。增值税的标准税率为 18%，出口石油、石油产品、天然气和凝析油的税率为 0%。俄罗斯境内所有的碳烃化合物销售增值税率为 18%。

（2）进口关税。俄罗斯对从外国输入的许多商品、设备和材料，征收进口关税。进口关税实行 5%—30% 的浮动比率，比较典型的税率在 10%—15%之间。石油钻井平台进口关税为 20%。

（3）消费税。消费税适用于在俄罗斯制造的很多货物，包括石油产品、酒精和烟草。汽油按 5143—5995 卢布/吨征税。

（三）英国

1. 概述

在英国天然气行业的税收主要是公司所得税、附加费（Supplementary Charge）和石油收入税。

2. 财税制度（Fiscal Regime）

（1）公司所得税。英国居民企业需要就其在全世界的所得缴纳公司所得税。但是，对于海外分支的某些分红、收益或损失，以及大股东资产处置所得或损失是可免税的。

英国的非居民企业只需要就其在英国设立的永久机构在英国从事贸易的所得缴纳公司所得税。一般而言，英国只是指其陆地或领海，但是英国的税收管辖权被扩展到包括英国的海底、海床和英国大陆架。因此，一个非英国居民企业在英国大陆架进行勘探和开发活动也被视为设立了常设机构，需要就其所得缴纳公司所得税，但是，这些企业可以根据双重税收协定（DTT）的规定享受税收减免。

表 4－13 英国天然气行业财税政策

税种	税率
公司所得税（Corporation Tax）	篱笆圈税率为30%（非篱笆圈税率为23%，2012 年4 月1 日减少到25%，2013 年4 月1 日减少到24%，2014 年4 月1 日减少到23%）。油气勘探生产适用于篱笆圈税率
附加费（Supplement Charge）	32%（2011 年3 月24 日之前是20%，之后是32%）
石油收益税（Petroleum Revenue Tax）	50%（1993 年3 月16 日之前得到开发许可的领域）
资本免税额（投资优惠）（Capital Allowance）	加速折旧（Accelerated Depreciation）、立即摊销勘探成本（Immediate Write－Off for Exploration Costs）
投资激励（Investment Incentives）	损失可以无限期结转（Losses Can be Carried Forward Indefinitely）、研发激励（R&D Incentive）

资料来源：根据安永会计师事务所 *Global oil gas tax guide*，2014 整理。

按照现行税制，公司所得税篱笆圈税率为 30%，非篱笆圈税率为 23%（2015 年有望减少到 20%）。油气勘探生产适用于篱笆圈税率。

篱笆圈（the Ring Fence）

出于计算公司所得税的目的，英国的勘探和生产活动（包括在岸和离岸）被当作一个单独的篱笆圈贸易与其他交易活动（如炼油和营销）区分开。公司篱笆圈活动的利润要与非篱笆圈活动的利润分别计算。非篱笆圈活动的损失不能用篱笆圈活动的利润来弥补，但是，篱笆圈活动的损失却可以用非篱笆圈的利润来弥补。类似的规则适用于资本收益的计算。

所得税收入（Taxation of Income）

英国有着非常严格的规则来判断油气销售收入是否是正常的（Arm's Length）。正常的交易①基于真正实现的价格计算收入并纳税，而非正常的交易需要基于油气的市场价值来纳税。在英国，有专门的机构和特别的方法用于判断非正常交易油价的市场价值。例如，英国皇家税收与关税局（HMRC）为常见类型的原油建立了公平价格的数据库。

支出免除（Relief for Expenditures）

在计算公司所得税扣除项目时，英国税法规定所有的费用开支必须是

① "An arm's length transaction" 经常是指有关联的双方进行的交易，而这一交易又是按照双方相互独立（不考虑关联关系）而完成的，一般翻译为"正常的交易"。

完全和专属于篱笆圈交易或者非篱笆圈交易。只有当公司开始了商业生产才能算作有商业支出，对于篱笆圈交易，当公司开始制定开发一个油田的决策时被认为开始商业经营。如果勘探活动不成功，或者只有少量的油气生产，并不被认为开始商业经营。开始商业经营之前发生的支出，在商业经营开始的时期可以获得免除。

另外，支出的税收待遇取决于资本支出或者收益支出，资本支出和收益支出的划分与油田的生命周期有关。勘探阶段涉及的资本支出主要包括无形资产支出，比如勘探、评价许可证的取得。生产阶段可能包括一个收益支出和资本支出的结合。在油田的最后阶段，退役支出被当作资本。

一般而言，为取得篱笆圈交易收入发生的所有费用都可以扣除，而支出免除只能用于资本支出，用于资本支出的程度取决于可用的资本免税额。

损失（Losses）

按照英国有关损失的规则，损失分为多个类型，包括营业损失（Trading Losses）、金融损失（Finance Losses）和资本损失（Capital Losses）。

公司某财务年度发生的营业损失可以冲抵当年所取得的其他任何收入，或向后结转前一年度的收入。另外，交易损失还可冲抵同期集团中其他公司的收入。如果某公司未将交易损失冲抵当期或前期收入，也未用于抵减其他公司收入，则自动结转该公司未来类似交易收入。

金融损失源于借贷关系，可用多种方法冲抵收入。可用于冲抵同一财务年度的收入，也可冲抵前一年度或后一年度的非交易所得，还可通过团体弥补免税法（Group Relief）冲抵同期集团中其他公司的收入。但是，金融损失在计算附加费或石油收入税时是不可扣除的。

资本损失可以冲抵同一会计年度的应税所得，如果不能完全冲抵，则可向前结转抵扣未来的应税所得。资本损失不可拥有抵减营业收入以及除应税所得之外的其他收入。

（2）附加费。附加费是针对在英国从事勘探和生产活动征收的一个额外税收（自 2011 年 3 月 24 日开始，费率为 23%，而之前的为 20%）。在计算附加费时，应税利润的计算方式与篱笆圈交易的计算方式相同，但是不包括任何财务费用扣除。财务费用的含义非常广泛，包括财务租金和与资金交易有关的费用。附加费不能用于抵减所得税。

地区津贴（Field Allowance）

地区津贴指专门针对某些高压高温地区，某些超重型油田，某些小型油田和位于设得兰群岛西部符合相关规定的气田。这些地区津贴的目的主要是在计算附加费时降低这些企业的篱笆圈利润。①

（3）资本减免。

篱笆圈贸易的资本支出（Expenditure on Assets Used in a Ring Fence Trade）

篱笆圈交易的资本支出包括建立工厂、购买设备和勘探、评价和开发支出，可以享受100%的第一年津贴（FYA）。但是，有些支出是排除在第一年津贴之外的，例如船只、工厂和机器设备的租赁费。

（4）间接税。

增值税

英国增值税的标准税率为20%，有5%和0%的低税率。在英国及其领海的所有的商品和劳务的供应都可能缴纳增值税。所有的超过增值税纳税门槛或者有意图提供增值税供应的居民企业和非居民企业都要进行增值税注册。在英国，烃类产品的增值税取决于在哪里生产、卖到哪里、卖给谁。从2011年起，进口天然气免征增值税。

消费税

烃类产品消费税是在消费环节征收，消费税税率取决于产品的分类。

关税

所有从欧盟之外的国家进口到英国的货物都会有潜在的关税义务，关税的税率取决于货物的分类和是否有资格享受优惠税率。

保费税

保费税是从应税保险合同中获得的。标准税率为5%，高税率为17.5%。

印花税

英国的印花税主要有如下税率：出售股票税率为0.5%，出售英国的

① 石油收益税。石油收益税的计税基础是按照区域而不是按照会计实体，只适用于1993年3月16日之前取得开发许可的区域。石油收益税计税周期是6个月，6月30日和12月31日结束，石油收益税的计税基础是基于特定的法律规定计算而不是会计利润。石油收入税相关的收入和支出要分别处理，并且被要求在规定的时期内保存与收入和支出有关的文件。

土地和建筑物税率为4%。

反避税立法

英国的税收法律包含反避税条款，适用于某些领域，如融资等领域。

四　我国天然气行业财税政策评价及政策建议

在逐步完善我国天然气行业体制的进程中，还需要通过完善财税政策，积极发挥财税政策的宏观调节功能。与俄罗斯、美国油气企业税收负担相比，我国油气企业税负负担大抵居于中等水平。但我国油气行业的税费体系相对复杂，涉及的税金、行政性收费多达30余种（王莎莎，2009），其中，增值税、消费税等流转税占比较大，企业所得税以及适用油气行业的矿区使用费、探矿采矿价款、矿业权登记费等特殊税费所占份额均小。

（一）行业税费体系繁杂，存在重复征收现象，有进一步归并空间

当前油气行业的税费较为复杂。据统计，我国油气企业主要缴纳的税种有增值税（生产、销售）、消费税（成品油）、营业税（储运）、城市维护建设税、资源税、房产税、土地使用税、车船使用税、耕地占用税、所得税、关税、土地增值税、教育费附加等，需要交纳的行政税费如矿产资源补偿费、矿区使用费、价格调节基金、河道维护费、水利建设基金、文化事业建设费、石油特别收益金（原油）、探矿权使用费、探矿权价款、采矿权使用费、采矿权价款、水资源费、残疾人就业保障金、人防费等（王莎莎，2009；王美田，2014）。

天然气行业税费体系繁杂，不仅出现各地执法不一，还容易造成重复征收现象，有进一步归并空间。繁杂的行业税费体系导致两个较为突出的问题。第一，这些税费中有些缺乏全国统一规定，各地在具体征收办法上各行其是，给油气企业经营决策增加了不确定性。以水土保持补偿费为例，各地曾执法不一，引起各方关注，直到近期，财政部、国家发展改革委、水利部、中国人民银行四部门才联合制定并印发了《水土保持补偿费征收使用管理办法》，对水土保持补偿费的征收、缴库、使用管理等做出统一规定，该办法自2014年5月1日起施行。对于价格调节基金，截至2012年年底，除天津、西藏外，全国29个省（区、市）均设立了价格调节基金，但操作上各有不同，有些地方的征收还具有较大的随意性，这给企业带来了很重的负担，有必要通过清费归税，给予规范。

第二，繁杂的行业税费往往是政出多门，不仅推高了征纳成本，而且存在重复征收的现象。例如，油气企业在油气开采环节，不仅需要向税务部门缴纳资源税，还需要向地矿部门缴纳矿产资源补偿费。从理论上讲，资源税是按照“普遍征收，级差调节”原则，依据资源的性质及资源禀赋等客观因素而对资源所有权征收的一种税，这与矿产资源补偿费只是在计税依据和征收机关方面略存差异，并无本质上的不同，存在重复征收现象。客观地讲，按照我国现行资源税规定，征缴上来的税收收入并不多，无力实现生态补偿的初衷，也无法解决资源产区生态环境问题。有必要将矿产资源补偿费、资源税统一合并为资源税，在增加资源税率的同时，可依据矿区所处的环境，以及勘探开发所处的阶段，来确定不同的税率标准。

（二）缺乏应对油气行业海外项目政治风险的财税优惠政策，不利于鼓励企业走出去

早在20世纪90年代初，中国油气企业便开始“走出去”。经过20年的耕耘，中国油气企业已在中亚、中东、非洲等六大地区近40个国家开发了200多个投资项目（茅启平和王忠桥，2013）。不过，中国油气企业的对外投资项目中，大多数都是位于政治风险较高地区。对于经营石油、天然气等重要战略物资的企业而言，政治风险显得尤其突出。近年来，涉足伊拉克、苏丹等国油气田项目的企业，由于所在国的政治局势动荡，使得企业前期的项目投资面临着颗粒无收的风险。

油气生产经营本身就具有较高的风险，对于“走出去”的油气田企业，项目所在国政治局势的不确定性会进一步加大生产经营风险。尽管相关部门已经出台了企业境外所得税收按“分国（地区）不分项”或“不分国（地区）不分项”抵免的优惠政策，但是，跨国经营中所在国的政治局势动荡给油气企业造成的损失往往是巨大的，现有的优惠只是杯水车薪。对于此类风险，不仅需要油气企业自身通过有效的海外项目风险管理及保险操作避免和化解，也需要政府出台更具针对性的、更大幅度的税收优惠或税收减免政策。

（三）天然气行业的企业所得税规定仍有优惠空间

企业所得税是国家参与国有企业利润分配并直接调节企业利益的一个关键性税种，会对企业收益水平产生直接影响，具有较强的调节功能。不过，综观我国现行的企业所得税法，不难看出，企业所得税在鼓励天然气行业投资、研发方面优惠不够、激励不足，有进一步调整的空间。第一，在研发费用扣除方面，现行的研发费用扣除政策往往因立项门槛高、限制条件多，而在执行过程中难以落实到位；第二，我国所得税法没有专门针对天然气行业加速折旧和投资抵免的规定，加速折旧也是针对特定的固定资产，并且对企业享受加速折旧和投资抵免规定了限制条件。

（四）鼓励天然气进口的财税政策力度不足

我国当前天然气国内市场价格过低，与国际市场价格相差较大，造成进口天然气价格和天然气销售定价的倒挂。尽管我国按进口天然气价格和国家天然气销售定价的倒挂比例，对进口天然气（包括液化天然气）的进口环节增值税予以返还，但是，相对于其他国家而言，我国政府对鼓励天然气进口的政策优惠力度仍有不足。以英国为例，自从 2011 年起，英国对进口天然气开始免征增值税。当前可考虑减免天然气进口环节增值税，从而降低进口天然气的成本，进而缩小进口天然气与国产天然气之间的价格差距，鼓励对海外天然气资源的合理利用。

（五）对非常规天然气的优惠政策需要长期化、法规化

我国天然气资源中低品位资源占一半左右，有效开发非常规天然气对我国天然气产量持续增长十分重要。在煤层气方面，我国政府出台了一些专门的政策，例如，对“十二五”期间的相关项目免征进口关税和进口环节增值税，对煤层气抽采企业的增值税一般纳税人抽采销售煤层气实行增值税先征后退的政策。在页岩气方面，与生产煤层气企业一样，生产页岩气企业享受生产性劳务由营业税改征增值税、生产性不动产进项税可抵扣的优惠，另外，中央财政对页岩气开采企业给予补贴，2012—2015 年的补贴标准为 0.4 元/立方米，补贴标准将根据页岩气产业发展情况予以调整。但在致密气方面，中国尚未形成单独针对致密气的核准概念，仍未被列入独立矿种，更无特别的财税优惠政策。不难看出，对于非常规天然气，除煤层气之外，我国尚未形成专门的、稳定的优惠财税政策，尽管形成了若干规划，但涉及的财税政策还需要进一步落实，使之长期化、法规化。另外，从发现的资源来看，致密气资源可观，或成为我国非常规天然

气的“领头羊”。不过，由于开采面深、区块不完整等原因造成致密气生产成本大，不利于高效利用资源。尽管国家已参照页岩气，在资源税方面采取减半征收的优惠政策，但是，优惠力度不大，建议参照页岩气，尽快给予0.4元/立方米的补贴。

（六）税法与其他法规存在不一致的现象，有待于统一协调

在实践中，油气行业存在税法与其他法规不一致的现象，有待于跨部门的协调。以雇主责任险为例。对于油气企业，为员工购买雇主责任险可有效降低企业经营风险。就雇主责任险保费能否税前列支问题，现行《企业所得税法实施条例》与《保险法》存在冲突。根据《保险法》第12条、第95条之规定，雇主责任险属于财产保险的范畴，按照规定缴纳的保险费，应当准予扣除。根据《企业所得税法实施条例》第36条规定，除企业依照国家有关规定为特殊工种职工支付的人身安全保险费和国务院财政、税务主管部门规定可以扣除的其他商业保险费外，企业为投资者或者职工支付的商业保险费，不得扣除。由于目前财政部、国家税务总局并未明确“其他商业保险”和特殊工种的范围或参照执行的文件，根据该条的规定，基本上所有的商业保险费支出都不得税前扣除。

附表4-1　1993—2013年世界天然气剩余可采储量

单位：万亿立方米

	at end 1993 TCM	at end 2003 TCM	at end 2012 TCM	TCF	at end 2013 TCM	Share of total	R/P ration
美国	4.6	5.4	8.7	330.0	9.3	5.0%	13.6
加拿大	2.2	1.6	2.0	71.4	2.0	1.1%	13.1
墨西哥	2.0	0.4	0.4	12.3	0.3	0.2%	6.1
北美总计	8.8	7.4	11.1	413.7	11.7	6.3%	13.0
阿根廷	0.5	0.6	0.3	11.1	0.3	0.2%	8.9
玻利维亚	0.1	0.8	0.3	11.2	0.3	0.2%	15.2
巴西	0.1	0.2	0.5	15.9	0.5	0.2%	21.2
哥伦比亚	0.2	0.1	0.2	5.7	0.2	0.1%	12.8
秘鲁	0.3	0.2	0.4	15.4	0.4	0.2%	35.7
特立尼达和多巴哥	0.2	0.5	0.4	12.4	0.4	0.2%	8.2
委内瑞拉	3.7	4.2	5.6	196.8	5.6	3.0%	*

续表

	at end 1993 TCM	at end 2003 TCM	at end 2012 TCM	TCF	at end 2013 TCM	Share of total	R/P ration
其他	0. 2	0. 1	0. 1	2. 2	0. 1		24. 9
中南美洲合计	5. 4	6. 8	7. 7	270. 9	7. 7	4. 1%	43. 5
阿塞拜疆	n/a	0. 9	0. 9	31. 0	0. 9	0. 5%	54. 3
丹麦	0. 1	0. 1	0. 0	1. 2	0. 0		7. 0
德国	0. 2	0. 2	0. 1	1. 7	0. 0		5. 9
意大利	0. 3	0. 1	0. 1	1. 8	0. 1		7. 3
哈萨克斯坦	n/a	1. 3	1. 5	53. 9	1. 5	0. 8%	82. 5
荷兰	1. 7	1. 4	0. 9	30. 1	0. 9	0. 5%	12. 4
挪威	1. 4	2. 5	2. 1	72. 4	2. 0	1. 1%	18. 8
波兰	0. 2	0. 1	0. 1	4. 1	0. 1	0. 1%	27. 5
罗马比亚	0. 4	0. 3	0. 1	4. 1	0. 1	0. 1%	10. 6
俄罗斯	n/a	30. 4	31. 0	1103. 6	31. 3	16. 8%	51. 7
土库曼斯坦	n/a	2. 3	17. 5	617. 3	17. 5	9. 4%	*
乌克兰	n/a	0. 7	0. 6	22. 7	0. 6	0. 3%	33. 4
英国	0. 6	0. 9	0. 2	8. 6	0. 2	0. 1%	6. 7
乌兹别克斯坦	n/a	1. 2	1. 1	38. 3	1. 1	0. 6%	19. 7
其他	35. 6	0. 4	0. 3	8. 8	0. 2	0. 1%	33. 4
欧洲与独联体国家总计	40. 5	42. 7	56. 5	1999. 5	56. 6	30. 5%	54. 8
巴林	0. 2	0. 1	0. 2	6. 7	0. 2	0. 1%	12. 1
伊朗	20. 7	27. 6	33. 6	1192. 9	33. 8	18. 2%	*
伊拉克	3. 1	3. 2	3. 6	126. 7	3. 6	1. 9%	*
科威特	1. 5	1. 6	1. 8	63. 0	1. 8	1. 0%	*
阿曼	0. 2	1. 0	0. 9	33. 5	0. 9	0. 5%	30. 7
卡塔尔	7. 1	25. 3	24. 9	871. 5	24. 7	13. 3%	*
沙特阿拉伯	5. 2	6. 8	8. 2	290. 8	8. 2	4. 4%	79. 9
叙利亚	0. 2	0. 3	0. 3	10. 1	0. 3	0. 2%	63. 9
阿联酋	5. 8	6. 0	6. 1	215. 1	6. 1	3. 3%	*
也门	0. 4	0. 5	0. 5	16. 9	0. 5	0. 3%	46. 3
其他	0. 0	0. 1	0. 2	8. 1	0. 2	0. 1%	35. 3
中东总计	44. 4	72. 4	80. 3	2835. 4	80. 3	43. 2%	*
阿尔及利亚	3. 7	4. 5	4. 5	159. 1	4. 5	2. 4%	57. 3

续表

	at end 1993 TCM	at end 2003 TCM	at end 2012 TCM	TCF	at end 2013 TCM	Share of total	R/P ration
埃及	0.6	1.7	2.0	65.2	1.8	1.0%	32.9
利比亚	1.3	1.5	1.5	54.7	1.5	0.8%	*
尼日利亚	3.7	5.1	5.1	179.4	5.1	2.7%	*
其他	0.7	1.0	1.2	43.3	1.2	0.7%	56.9
非洲总计	10.0	13.9	14.4	501.7	14.2	7.6%	69.5
澳大利亚	1.0	2.4	3.8	129.9	3.7	2.0%	85.8
孟加拉国	0.3	0.4	0.3	9.7	0.3	0.1%	12.6
文莱	0.4	0.3	0.3	10.2	0.3	0.2%	23.6
中国	1.7	1.3	3.3	115.6	3.3	1.8%	28.0
印度	0.7	0.9	1.3	47.8	1.4	0.7%	40.2
印度尼西亚	1.8	2.6	2.9	103.3	2.9	1.6%	41.6
马来西亚	1.8	2.5	1.1	38.5	1.1	0.6%	15.8
缅甸	0.3	0.4	0.3	10.0	0.3	0.2%	21.6
巴基斯坦	0.7	0.8	0.6	22.7	0.6	0.3%	16.7
巴布亚新几内亚	^	^	0.2	5.5	0.2	0.1%	*
泰国	0.2	0.4	0.3	10.1	0.3	0.2%	6.8
越南	0.1	0.2	0.6	21.8	0.6	0.3%	63.3
其他	0.3	0.5	0.3	11.5	0.3	0.2%	17.5
亚太地区总计	9.3	12.7	15.2	536.6	15.2	8.2%	31.1
全世界	118.4	155.7	185.3	6557.8	185.7	100.0%	55.1
OECD	14.6	15.3	18.7	678.3	19.2	10.3%	16.0
非 OECD	103.8	140.4	166.6	5879.5	166.5	89.7%	76.7
欧盟	3.7	3.2	1.6	55.6	1.6	0.8%	10.7
前苏联地区	35.3	36.9	52.8	1869.5	52.9	28.5%	68.2

注：* 超过 100 年；^少于 0.05；w 少于 0.05%；n/a 缺失。

附表 4-2　　2006—2013 年世界各国天然气产量　　单位：十亿立方米

年份	2006	2007	2008	2009	2010	2011	2012	2013
美国	524.0	545.6	570.8	584.0	603.6	648.5	681.2	687.6
加拿大	188.4	182.7	176.6	164.0	159.9	159.7	156.0	154.8

续表

年份	2006	2007	2008	2009	2010	2011	2012	2013
墨西哥	57.3	53.7	53.4	59.4	57.6	58.3	56.9	56.6
北美总计	769.7	781.9	800.8	807.4	821.1	866.5	894.2	899.1
阿根廷	46.1	44.8	44.1	41.4	40.1	38.8	37.7	35.5
玻利维亚	12.9	13.8	14.3	12.3	14.2	16.0	18.3	20.8
巴西	11.2	11.2	14.0	11.9	14.6	16.7	19.3	21.3
哥伦比亚	7.0	7.5	9.1	10.5	11.3	11.0	12.0	12.6
秘鲁	1.8	2.7	3.4	3.5	7.2	11.3	11.9	12.2
特立尼达和多巴哥	40.1	42.2	42.0	43.6	44.8	42.9	42.7	42.8
委内瑞拉	31.5	36.1	32.8	31.0	27.4	27.6	29.5	28.4
其他	3.8	3.9	3.7	4.2	3.6	3.1	2.9	2.5
中南美洲总计	154.3	162.3	163.2	158.5	163.2	167.4	174.3	176.4
阿塞拜疆	6.1	9.8	14.8	14.8	15.1	14.8	15.6	16.2
丹麦	10.4	9.2	10.1	8.4	8.2	6.6	5.8	4.8
德国	15.6	14.3	13.0	12.2	10.6	10.0	9.0	8.2
意大利	10.1	8.9	8.5	7.3	7.7	7.7	7.9	7.1
哈萨克斯坦	13.0	15.1	16.9	16.4	15.9	17.5	18.4	18.5
荷兰	61.6	60.5	66.6	62.7	70.5	64.2	63.9	68.7
挪威	88.7	90.3	100.1	104.4	107.3	101.3	114.7	108.7
波兰	4.3	4.3	4.1	4.1	4.1	4.3	4.3	4.2
罗马西亚	11.9	11.5	11.4	11.3	10.9	10.9	10.9	11.0
俄罗斯	595.2	592.1	601.8	527.7	588.9	607.0	592.3	604.8
土库曼斯坦	60.4	65.4	66.1	36.4	42.4	59.5	62.3	62.3
乌克兰	18.7	18.7	19.0	19.3	18.5	18.7	18.6	19.3
英国	80.0	72.1	69.6	59.7	57.1	45.2	38.9	36.5
乌兹别克斯坦	54.5	59.1	62.2	60.0	59.6	57.0	56.9	55.2
其他	10.5	10.7	10.2	10.2	10.1	9.5	8.7	7.5
欧洲与独联体国家总计	1040.9	1042.1	1074.4	954.8	1026.9	1034.2	1028.1	1032.9
巴林	11.3	11.8	12.7	12.8	13.1	13.3	13.7	15.8
伊朗	111.5	125.0	132.4	144.2	152.4	159.9	165.6	166.6
伊拉克	1.5	1.5	1.9	1.2	1.3	0.9	0.7	0.6
科威特	12.5	12.1	12.8	11.5	11.7	13.5	15.5	15.6
阿曼	23.7	24.0	24.1	24.8	27.1	26.5	30.0	30.9

续表

年份	2006	2007	2008	2009	2010	2011	2012	2013
卡塔尔	50.7	63.2	77.0	89.3	116.7	145.3	150.8	158.5
沙特阿拉伯	73.5	74.4	80.4	78.5	87.7	92.3	99.3	103.0
叙利亚	5.6	5.6	5.3	5.6	8.0	7.1	5.3	4.5
阿联酋	49.0	50.3	50.2	48.8	51.3	52.3	54.3	56.0
也门	^	^	^	0.8	6.2	9.4	7.6	10.3
其他	2.6	3.0	3.6	3.0	3.4	4.4	2.6	6.5
中东总计	341.9	370.9	400.3	420.3	478.9	524.8	545.5	568.2
阿尔及利亚	84.5	84.8	85.8	79.6	80.4	82.7	81.5	78.6
埃及	54.7	55.7	59.0	62.7	61.3	61.4	60.9	56.1
利比亚	13.2	15.3	15.9	15.9	16.8	7.9	12.2	12.0
尼日利亚	29.6	36.9	36.2	26.0	37.3	40.6	43.3	36.1
其他	10.4	12.3	15.8	16.3	18.4	18.6	18.5	21.6
非洲总计	192.4	205.0	212.6	200.4	214.3	211.2	216.3	204.3
澳大利亚	38.9	40.0	38.3	42.3	45.2	44.9	43.4	42.9
孟加拉国	15.1	15.9	17.0	18.5	19.9	20.1	21.1	21.9
文莱	12.6	12.3	12.2	11.4	12.3	12.8	12.6	12.2
中国	58.6	69.2	80.3	85.3	94.8	102.7	107.2	117.1
印度	29.3	30.1	30.5	39.2	50.8	46.1	40.3	33.7
印度尼西亚	70.3	67.6	69.7	71.9	82.0	75.9	71.1	70.4
马来西亚	63.3	64.6	64.7	63.4	65.3	65.3	66.5	69.1
缅甸	12.6	13.5	12.4	11.6	12.4	12.8	12.7	13.1
巴基斯坦	36.1	36.8	37.5	38.4	39.6	39.2	41.2	38.6
泰国	24.3	26.0	28.8	30.9	36.3	37.0	41.4	41.8
越南	7.0	7.1	7.5	8.0	9.4	8.5	9.4	9.8
其他	14.6	17.4	18.3	18.6	18.2	18.4	18.2	18.7
亚太总计	382.6	400.5	417.1	439.6	486.4	483.5	484.9	489.0
全世界	2881.8	2962.7	3068.5	2981.0	3190.8	3287.7	3343.3	3369.9
OECD	1097.4	1101.2	1131.0	1128.7	1151.9	1170.0	1199.3	1200.0
非 OECD	1784.4	1861.5	1937.5	1852.3	2038.9	2117.7	2144.0	2169.8
欧盟	203.0	190.2	192.1	174.7	178.0	157.0	147.9	146.8
前苏联地区	748.2	760.5	781.0	674.8	740.7	774.8	764.3	776.5

注：^少于0.05。

第五章　煤炭行业财税政策问题研究

煤炭是重要的基础能源和工业原料，长期以来为保障我国经济社会快速健康发展发挥了重要作用。然而，作为一种负外部性比较明显的化石能源品种，在当下雾霾防治形势严峻、绿色低碳发展迫切的背景下，煤炭行业运行的环保压力加大；与此同时，随着我国经济发展方式的转变，“三高一低”行业因产能过剩而面临持续经营困难，从而对煤炭需求整体降低，加之，煤炭行业在过往“黄金十年”中的产能扩张而造成的供应过剩局面难以短期内优化调整，使得当前煤炭行业陷入供过于求的市场困境，煤炭价格陷入低位徘徊，煤炭行业经营困难加剧，已严重影响了煤炭行业的可持续健康发展。基于此，如何推进煤炭安全绿色生产和清洁高效利用，并在此基础上实现煤炭行业的持续健康发展是当前疏解煤炭行业困境的重要研究命题。财税政策作为国家治理能力的重要体现和促进产业发展的重要调控手段，煤炭行业的发展与其密不可分，随着我国财税体制改革的推进，“清费立税”已明确成为煤炭行业财税制度改革的重要方向，然而，煤炭企业税费负担重的问题依然存在，因此，在当前背景下，认真梳理和分析当前煤炭行业的税费问题，在结合国际经验的基础上，探索我国煤炭行业财税制度改革的方向与路径是必要的，也是十分重要的。

一　煤炭行业发展的现状与趋势

（一）煤炭消费情况

煤炭是重要的基础能源和工业原料，从我国一次能源消费结构来看，煤炭的消费比重一直居于较高水平，2005—2009 年的五年期间更是达到 70% 以上，充分显示了其对经济社会发展的重要支撑作用。然而，与此同时，从纵向来看，煤炭消费的比重呈现出明显的下滑趋势，尤其是 2009

年以来，这一趋势越发明显，到2014年，其占一次能源消费的比重已下降到64.2%（见图5-1）。

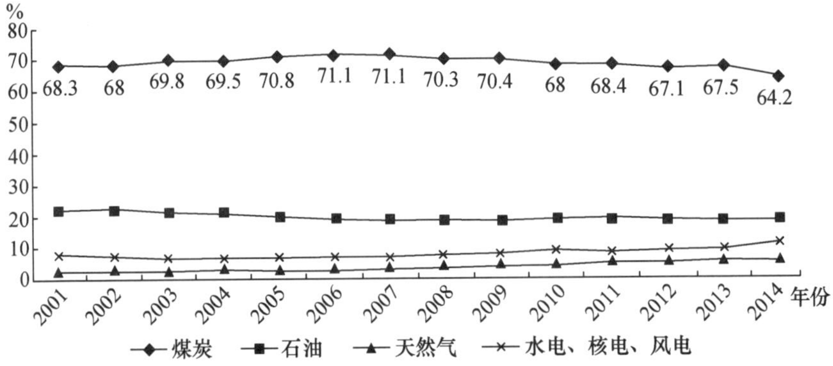

图5-1 2001—2014年我国一次能源消费结构

资料来源：国家统计局。

（二）煤炭行业的生产经营情况

作为一种要素投入，煤炭市场需求状况直接取决于下游行业的发展。整体而言，作为煤炭重要的关联行业，水泥和钢铁等行业存在严重的产能过剩问题，与此同时，随着我国工业运行态势的下滑，电力消费出现了下降，这就意味着需求侧的不景气直接影响了煤炭行业的经营。从表5-1可以看出，当前我国的煤炭行业运行状况不容乐观。从原煤产量来看，2014年同比下降2.5%，2015年上半年下降幅度达到7.41%。而销量情况同样不乐观，2015年第一季度同比下降4.7%，上半年同比下降幅度明显加大，达到8.1%。从进出口形势来看，受进口煤关税税率调整影响，煤炭进口下降幅度明显，2015年上半年降幅达到37.5%；出口形势依然严峻，但从单月情况来看，出口开始出现企稳向好，2015年5月煤炭出口实现同比正向增长。

从行业企业经营状况来看，2015年第一季度煤炭行业企业利润总额同比下降61.9%，相比于2014年全年46.2%的降幅，形势明显有恶化的趋势，从企业亏损面来看，也较好地验证了这一点，2014年全行业亏损企业占比为27.2%，而2015年第一季度占比已达到32%。销售利润率进一步缩窄，而资产负债率却明显提升。

表5-1　　2014年以来煤炭行业运行情况

指标	单位	2014年全年		2015年第一季度		2015年上半年		2015年5月	
		实际值	增长率	实际值	增长率	实际值	增长率	实际值	增长率
原煤产量	万吨	387000	-2.5	84743	-3.5	172500	-7.41	28500	-8.06
原煤销量	万吨	355500	-2.6	80137	-4.7	162200	-8.1	27200	-8.9
原煤进口	万吨	29122.1	-10.9	4907	-41.5	9987	-37.5	1425	-40.6
原煤出口	万吨	274.15	-23.5	120	-19.2	234	-25.9	61	24.8
煤炭开采和洗选业固定资产投资（累计）	亿元	4682	-9.5	400	-21	1686	-12.8	1128.79	-14.5
销售收入（累计）	亿元	30045.9	-6.69	6138.26	-10.8			10258.4	-13.59
利润总额（累计）	亿元	1268.48	-46.2	121.99	-61.9			168.47	-66.78
资产总额（月末数）	亿元	51537.8	7.03	50416.9	6.12			51980.74	7.08
负债总额（月末数）	亿元	33829.9	9.8	33568.4	9.44			34853.65	9.90
行业企业数	个	7098		6352				6366	
亏损企业数	个	1929		2030				2016	
亏损企业比重	%	27.2		32.0				31.7	
亏损企业亏损总额（累计）	亿元	781.74	72.55	235.93	33.91			399.23	35.65
销售利润率	%	4.22		1.99				0.51	
资产负债率	%	65.64		66.58				67.05	

资料来源：根据中经网数据库整理所得。

从整个工业企业财务情况来看（如表5-2所示），煤炭开采和洗选业在2015年1—5月主营业务收入同比下降13.6%，主营业务利润同比下降66.8%，基于2014年整个行业不景气下的收窄的较低基数，煤炭行业的经营压力大幅提升，经营绩效进一步恶化。据相关资料分析，截至目前，我国煤炭企业的亏损面超过70%，已有50%以上的企业出现职工工资发放困难的局面。为了改变这种状况，从实际情况来看，通过税费制度改革实现煤炭税费负担下降，进而实现救市，已成为煤炭生产重点省份积极推进煤炭持续健康发展的重要举措。

表 5－2　2015 年 1—5 月规模以上工业采矿业企业主要财务指标（分行业）

	主营业务收入		主营业务利润	
	1—5 月（亿元）	同比增长（%）	1—5 月（亿元）	同比增长（%）
总计	419362.0	1.3	22547.6	－0.8
煤炭开采和洗选业	10258.4	－13.6	168.5	－66.8
石油和天然气开采业	3201.1	－33.3	496.2	－69.5
黑色金属矿采选业	2769.2	－20.3	148.7	－46.6
有色金属矿采选业	2265.6	－1.8	168.1	－19.8
非金属矿采选业	1961.2	4.6	131.9	4.4
开采辅助活动	547.0	－19.1	－4.9	－150.0
其他采矿业	7.1	1.4	0.7	40.0

资料来源：国家统计局。

（三）煤炭总量控制下的煤炭行业发展趋向：安全绿色生产和清洁高效利用

煤炭生产消费具有明显的负外部性。有研究表明，煤炭是我国空气污染的重要来源，煤炭燃烧产生的二氧化硫、氮氧化物、细颗粒物（PM2.5）排放分别占全国总量的 80%、60% 和 70%。国务院在《大气污染防治行动计划》中明确提出控制煤炭消费总量的目标。在总量控制的具体内容上，国务院办公厅发布的《能源发展战略行动计划（2014—2020）》给予明确指示，2014—2020 年，是我国全面建成小康社会的关键时期，是能源发展转型的重要战略机遇期。坚持“节约、清洁、安全”的战略方针，加快构建“清洁、高效、安全、可持续”的现代能源体系，按照节约优先战略，到 2020 年煤炭消费总量控制在 42 亿吨左右，非化石能源占一次能源消费比重达到 15%，天然气比重达到 10% 以上，煤炭消费比重控制在 62% 以内。关于如何降低煤炭消费比重，行动计划也给予了明确指示：加快清洁能源供应，控制重点地区、重点领域煤炭消费总量，推进减量替代，压减煤炭消费，到2020年，全国煤炭消费比重降至62%以内：（1）削减京津冀鲁、长三角和珠三角等区域煤炭消费总量。到2020年，京津冀鲁四省市煤炭消费比2012年净削减1亿吨，长三角和珠三角地区煤炭消费总量出现负增长。（2）控制重点用煤领域煤炭消费。基于此，在当前环保形势空前严峻的背景下，煤炭总量控制将成为煤炭行业管理的常态，但不可否认，煤炭的主体能源地位在一段时期内仍然不会改变，这从根本上来讲是由我国能源资源赋存条件所决定的。因此，实现煤炭的安全绿色生产和清洁高效利用将成为推进煤炭行业健康发展的必由之路。

二 煤炭行业现行的财税政策

党的十八届三中全会以来，我国经济体制改革的一个重要方向就是要实现市场在资源配置中发挥决定性的作用和更好地发挥政府作用。从市场化程度来看，煤炭价格已完全实现了由市场供需决定的形成机制。然而，煤炭税费问题却一直是财税制度改革的重点与难点，也是困扰煤炭行业企业发展的重要制度性约束。从近年来的舆论情况来看，积极清理煤炭行业不合理的涉煤收费问题已成为广泛共识。与此同时，推进煤炭行业的“清费立税”业已成为国家能源税制改革的一个重要方向，也是实践中一再遭遇的难题。为什么会出现这种状况，很大程度上与涉煤财税（包括收费）问题的复杂性密切相关。

（一）煤炭行业的税制

企业是我国缴税的主体，目前全国税收收入的90%以上是由企业缴纳的。从税种结构来看，我国主要是以流转税为主，使应征对象——企业——承担的税种结构也主要是以流转税为主。在我国现有的18个税种中，涉及煤炭行业的主要税种有14项（如表5-3所示），由此可见，煤炭对我国税收贡献极大，具体而言主要为增值税、营业税、消费税、关税、企业所得税、资源税（资源税改革后，资源税对煤炭企业的影响很大）、土地使用税、耕地占用税、土地增值税、房产税，以及根据流转税（主要为增值税）缴纳的城市维护建设税，等等。其中消费税则仅煤制油企业需要缴纳，其他煤炭企业不需要缴纳。

表 5－3　　中国煤炭行业缴纳的主要税种一览

种类	税种	税率
流转税类：增值税、消费税、营业税、关税	增值税	17%
	进口环节增值税	17%
	营业税	3%
	关税	见表 5－4
	消费税	煤制油项目需要缴纳消费税
所得税类	企业所得税	基本税率为 25%，优惠税率为 20%、15%，部分为 10%
资源税类	资源税	2%—10%
	土地使用税	大城市：1.5—30 元；中等城市：1.2—24 元；小城市：0.9—18 元；县城、建制镇、工矿区：0.6—12 元
	土地增值税	见表 5－5
	耕地占用税	人均耕地 1 亩：10—50 元；1—2 亩：8—40 元；2—3 亩：6—30 元；3 亩：5—25 元。各省（市、区）情况见表 5－6
财产行为税类	房产税	计税依据：房产余值或租金，1.2% 或 12%
	车船使用税	按排量征收
	印花税	万分之三、万分之五、千分之一、五元
	契税	各省（市、区）在 3%—5% 的幅度比例范围内自行确定
附加税	城市维护建设税	以增值税、消费税、营业税三税实际缴纳的税额为计税依据；税率分别为：城市 7%、城镇 5%、其他 1%

表 5－4　　煤炭等产品关税税率

货品名称	税率（%）
无烟煤	3
炼焦烟煤	3
其他烟煤	6
其他煤	6
煤砖、煤球及类似用煤制固体燃料	5
褐煤	3
制成型的褐煤	3
泥煤（包括肥料用泥煤）	5
煤制焦炭及半焦炭不论是否成型	5

表 5－5　　　　　　　　2014 年土地增值税税率

档次	级距	税率	税额计算公式	说明
1	增值额未超过扣除项目金额 50% 的部分	30%	增值额 30%	扣除项目指取得土地使用权所支付的金额；开发土地的成本、费用；新建房及配套设施的成本、费用或旧房及建筑物的评估价格；与转让房地产有关的税金；财政部规定的其他扣除项目
2	增值额超过扣除项目金额 50%，未超过 100% 的部分	40%	增值额 40% －扣除项目金额 5%	
3	增值额超过扣除项目金额 100%，未超过 200% 的部分	50%	增值额 50% －扣除项目金额 15%	
4	增值额超过扣除项目金额 200% 的部分	60%	增值额 60% －扣除项目金额 35%	

表 5－6　　　　　　　　耕地占用税平均税额

地区	每平方米平均税额（元）
上海	45
北京	40
天津	35
江苏、浙江、福建、广东	30
辽宁、湖北、湖南	25
河北、安徽、江西、山东、河南、重庆、四川	22.5
广西、海南、贵州、云南、山西	20
山西、吉林、黑龙江	17.5
内蒙古、西藏、甘肃、青海、宁夏、新疆	12.5

根据表 5－3，对影响煤炭行业的主要税种作具体介绍：

1. 增值税：税率提升

1984 年 10 月，国务院发布实施《中华人民共和国增值税条例》，开始征收增值税。从 1994 年起，煤炭行业进行了两次增值税制改革。一是 1994 年恢复煤炭增值税率 13%。原煤炭工业部于 1994 年 1 月 27 日向财政部报送了《关于解决国有重点煤矿执行增值税增加亏损问题的紧急报告》，国务院召开专门会议研究解决煤炭工业经济运行中出现的问题，形成了国务院“国阅字〔1994〕71号”文件，从1994年1月1日起，煤炭企业增值税税率由17%减按13%征收。二是2009年生产型增值税改革为消费型增值税，煤炭增值税税率恢复为17%。整体而言，2009年增值税转型带来了积极影响，所得税内外统一，资源综合利用增值税优惠政策等减轻了企业负担，但同时也应该看到，矿产品增值税率由13%提高到17%，税率明显提升了4个百分点。相比之下，煤炭企业多缴纳了4%的增值税意味着在假设含税煤价不变的情况下，增值税税率从13%提高到17%后，煤炭企业对应的收入则下降了3.4%（姚尧，2009）。[①]

2. “营改增”

从2008年11月5日国务院第34次常务会议修订通过的《中华人民共和国营业税暂行条例》对营业税税率的规定（如表5－7所示），可以看出，交通运输业的营业税率比较低，为3%。

表5－7 营业税税目税率

税目	税率
一、交通运输业	3%
二、建筑业	3%
三、金融保险业	5%
四、邮电通信业	3%
五、文化体育业	3%
六、娱乐业	5%—20%
七、服务业	5%
八、转让无形资产	5%
九、销售不动产	5%

2013年8月1日，“营改增”范围推广到全国试行。2014年1月1日起，将铁路运输和邮政服务业纳入营业税改征增值税试点，至此交通运输业已全部纳入“营改增”范围。《营业税改征增值税试点实施办法》（财税〔2013〕106号）规定，铁路运输和邮政业纳入营业税改征增值税试

① 姚尧：《关于增值税转型的经济学思考——基于博弈论和最优税制理论》，《财会月刊》2009年第14期。

点。同时，《交通运输业和部分现代服务业营业税改征增值税试点实施办法》也明确规定，在中华人民共和国境内提供交通运输业和部分现代服务业服务的单位和个人，为增值税纳税人。其中，交通运输业的应税服务是指陆路运输服务、水路运输服务、航空运输服务、管道运输服务。不难发现，营业税改征增值税，对煤炭企业具有重要影响的铁路运输增值税税率变为11%（如表5－8所示），相比于3%的营业税率，无疑是加重了企业承担的税收。然而，从抵扣项来看，交通运输“营改增”后无疑是增加了可抵扣比例，将会使煤炭行业获得实质性的优惠。

表5－8　营业税改增值税对应的税率

应税服务	增值税税率
提供有形动产租赁服务	17%
提供交通运输业服务	11%
提供现代服务业服务（有形动产租赁服务除外）	6%
财政部和国家税务总局规定的应税服务	0%

3. 资源税：从量计征到从价计征

继油气行业率先实现资源税从价计征改革以后，2014 年 12 月 1 日起，我国煤炭行业开始实施从价计征改革，意味着过往煤炭资源税杠杆作用弱，保护资源节约利用效用不足的局面得到改变。《关于实施煤炭资源税改革的通知》（财税〔2014〕72 号）规定，煤炭资源税实行从价计征，应税产品包括原煤和以未税原煤加工的洗选煤。应纳税额的计算公式：应纳税额＝应税煤炭销售额×适用税率；其中，纳税人将其开采的原煤直接对外销售的，以原煤销售额（不含从坑口到车站、码头等的运输费用）作为应税煤炭销售额计算缴纳资源税；纳税人将其开采的原煤加工为洗选煤销售的，以洗选煤销售额乘以折算率作为应税煤炭销售额计算缴纳资源税。关于从价计征使用的煤炭资源税税率，通知规定，煤炭资源税税率幅度为2%—10%，具体使用税率由省级财税部门在上述幅度内，根据本地区清理收费基金、企业承受能力、煤炭资源条件等因素提出建议，报省级人民政府拟定。同时，可以结合当前煤炭行业实际情况，针对现行税费负担较高的地区要适当降低负担水平。为了鼓励资源的节约和提高资源开采率，针对衰竭期煤矿开采的煤炭，资源税减征 30%；对充填开采置换出来的煤炭，资源税减征50%。

4. 城镇土地使用税

根据《中华人民共和国城镇土地使用税暂行条例》，城镇土地使用税是对在城市、县城占用国家和集体土地的单位和个人，按使用土地面积定额征收的一种税。主要目的是合理利用城镇土地，调节土地级差收入，提高土地使用效益，加强土地管理。城镇土地使用税采用定额税率，即采用有幅度的差别税额，按大、中、小城市和县城、建制镇、工矿区分别规定每平方米土地使用税年应纳税额。其中，大、中、小城市以公安部门登记在册的非农业正式户口人数为依据，按照国务院颁布的《城市规划条例》中规定的标准划分。人口在50万人以上者为大城市；人口在20万—50万人之间者为中等城市；人口在20万人以下者为小城市。城镇土地使用税税率如表5－9所示。

表5－9　城镇土地使用税税率

级别	人口（人）	每平方米·年税额（元）
大城市	50万以上	1.5—30
中等城市	20万—50万	1.2—24
小城市	20万以下	0.9—18
县城、建制镇、工矿区		0.6—12

关于具体征收标准，《条例》明确指出，省、自治区、直辖市人民政府应当在规定的税额幅度内，根据市政建设状况、经济繁荣程度等条件，确定所辖地区的适用税额幅度。市、县人民政府应当根据实际情况，将本地区土地划分为若干等级，在省、自治区、直辖市人民政府确定的税额幅度内，制定相应的适用税额标准，报省、自治区、直辖市人民政府批准。经省、自治区、直辖市人民政府批准，经济落后地区土地使用税的适用税额标准可以适当降低，但降低额不得超过规定最低税额的30%。经济发达地区土地使用税的适用税额标准可以适当提高，但须报经财政部批准。近年来，随着城镇化进程的加快，土地等级和土地适用税额征收级别随之发生了变化，但整体而言，城镇化进程明显加快了人口的集聚，使得人口规模增加，加之，行政区划的向上调整，土地使用税对于煤炭企业而言，其对应的税额标准明显提升（按年度征收）。

5. 耕地占用税

根据《中华人民共和国耕地占用税暂行条例》，所谓耕地是指用于种植农作物的土地，占用耕地建房或者从事非农业建设的单位或者个人，为耕地占用税的纳税人。纳税人在批准临时占用耕地的期限内恢复所占用耕地原状的，全额退还已经缴纳的耕地占用税。但在现实执行过程中，煤矿企业却面临着政策性规定的束缚，客观而言，由于在“限定时间”内恢复耕地原貌是相当困难的，这就容易造成即使投入了塌陷地治理费用，但却无法获得耕地占用税退还，显然不利于治理的积极性，也没有反映塌陷地治理的周期性和长期性特点，很容易造成激励机制的扭曲。

表 5－10　　耕地占用税的税额规定（以县级行政区域为单位）

标准	征收税额
人均耕地不超过 1 亩的地区	10—50 元/平方米
人均耕地超过 1 亩但不超过 2 亩的地区	8—40 元/平方米
人均耕地超过 2 亩但不超过 3 亩的地区	6—30 元/平方米
人均耕地面积超过 3 亩的地区	5—25 元/平方米

（二）涉煤收费项目

1. 重点煤炭生产省份涉煤收费项目和国有企业承担收费项目

（1）山西省涉煤收费项目

在《山西省人民政府关于印发涉煤收费清理规范工作方案的通知》（晋政发〔2014〕20 号）推出之前，根据山西省财政厅的统计，山西省当时经过中央和省级审批的涉煤行政事业性收费达 16 项（如表 5－11 所示），其中政府性基金有 5 项，经营性收费有 2 项；属于乱收费的项目有“市县政府涉煤收费、煤运公司公路运销收费，行业协会、省直部门、铁路三产企业涉煤收费中的超标准、超范围收费”。其中，市、县政府除中央和省定项目以外的违规收费项目包括“以煤补农、以工补农、城市公用事业应急保障金、基础设施建设资金、调产基金、生态环境补偿费、修路、绿化资金等违规收费和各项摊派费用”。由此可见，涉煤收费项目之多，之复杂，各种收费项目的摊派极大地加重了企业经营压力，为了反映情况，这里根据山西省清理不合理收费后企业减负情况的大小可见其涉煤费用之大。根据通知，如果“取消煤炭稽查管理费，降低煤炭产品质量监督检验费征收标准，取消煤炭工业厅为其 11 个事业单位向五大煤矿集团收取的服务费，以及煤运公路煤炭统一经销环节收费”的两步改革全部到位后，吨煤减负量至少可达 14.3 元，每年至少可减轻企业负担 135.51 亿元。不难看出，清费对于减轻企业运营压力极具现实效果。

表 5－11　　　　山西省涉煤收费范围情况

内容	项目		附注（取消、暂停和清理规范的项目）
行政事业性收费	中央批准（15）	矿产资源补偿费、产品质量监督检验费、矿产资源勘查登记费、采矿登记费、河道工程修建维护管理费、草原植被恢复费、排污费、土地复垦费、环境监测服务费、水土流失补偿费、水土流失治理费、土地登记费、耕地开垦费、水资源费、车辆通行费	矿产资源补偿费减免；降低煤炭产品质量监督检验费征收标准；《财政部国家发展改革委关于取消、停征和免征一批行政事业性收费的通知》（财税〔2014〕101 号）暂停矿产资源勘查登记费和采矿登记费
	省级批准（1）	煤炭稽查管理费	已取消
政府性基金	包括 5 项国定项目：煤炭可持续发展基金、价格调节基金、残疾人就业保障金、教育费附加、森林植被恢复费		暂按 3 元/吨降低煤炭可持续发展基金煤种征收标准；森林植被恢复费停征（执行时煤炭开采企业已缴纳煤炭可持续发展基金）
经营服务性收费	包括 2 项省定项目：中国（太原）煤炭交易中心收取的煤炭交易服务费，省煤炭厅为其 11 个事业单位向五大煤矿集团收取的服务费		取消煤炭厅为其 11 个事业单位向五大煤矿集团收取的服务费
其他	包括 3 项：晋能集团所属市、县煤运公司向企业收取的经销差价和服务费等；市、县政府收费；行业协会、省直主管部门及铁路运输等单位收费		

资料来源：根据《山西省人民政府关于印发涉煤收费清理规范工作方案的通知》整理所得。

（2）内蒙古自治区涉煤收费项目

根据内蒙古煤炭企业实际执行的收费项目，目前内蒙古煤炭企业缴纳的收费项目共计14项（如表5-12所示）。从其征收标准大小来看，显然煤炭价格调节基金征收额度最大，达到每吨15元，在当前煤价整体走低的情况下，显然对企业的经营造成了极大压力。为了缓解煤炭企业经营压力，减轻企业费用负担，2014年内蒙古出台了《关于进一步规范煤炭企业税费征收工作的通知》①，指出要下调煤炭价格调节基金征收标准和取消部分煤炭收费（取消无实质服务内容仅靠提供运输计划收取的综合服务费；降低煤炭企业铁路物流费用，并要求认真贯彻执行通知要求，及时将各项措施落到实处，不得延期执行、变通执行、变相征收、明减暗增，此次减免煤炭收费在10元/吨左右）等。

表5-12　2014年内蒙古某煤炭企业缴纳的收费项目与标准情况

序号	收费项目	征收标准	序号	收费项目	征收标准
1	安全费	3元/吨	8	矿产资源补偿费	
2	水土保持治理费	0.5元/吨	9	探矿权价款	
3	维简费	4元/吨	10	采矿权价款	
4	价格调节基金	15元/吨	11	工会经费	伊旗0.12元/吨 准旗0.1元/吨
5	造林费	0.1元/吨	12	水利建设基金	营业收入×0.1%
6	人力资本积累金	1元/吨	13	农民搬迁补偿费	
7	植树费	1元/吨	14	生态环境恢复补偿金	伊旗2.53元/吨 准旗3元/吨

根据2011年《中华人民共和国资源税暂行条例实施细则》、《探矿权采矿权使用费和价款管理办法》，“探矿权使用费、探矿权价款和采矿权使用费、采矿权价款”具有一定的使用者付费性质，是“为维护矿产资源的国家所有权，加强探矿权采矿权使用费和价款管理，在中华人民共和

① 通知要求下调和取消的收费项目：从2014年7月1日起，下调煤炭价格调节基金征收标准；全区暂停收取煤炭矿产资源补偿费自治区留成部分；煤矿维持简单再生产费用由企业按规定自提自用，计入成本（可以进行所得税扣减，有利于减轻税负），其他部门和单位不得代收、代管、集中使用；铁路部门不得强制向煤炭企业收取煤炭运输报价费；取消铁路“三产”部门向煤炭企业收取的“计划费”。

国领域及管辖海域勘查、开采矿产资源，均须按规定交纳探矿权采矿权使用费、价款"，具体征收标准如表5－13所示。

表5－13 探矿权采矿权收费项目

税费种类	额度	征收方式
煤炭资源补偿费	1%的销售额	按销售额征收
探矿权使用费	前三年每年每平方公里为100元，第四年起每年每平方公里增加100元，最高不超过500元/每平方公里	按矿区面积征收
采矿权使用费	1000元/平方公里·年	按矿区面积征收
探矿权价款、采矿权价款	2—4元/吨	按储量征收

（3）陕西省涉煤收费项目

根据陕西省财政厅、省工信厅、省物价局等部门2014年5月联合下发的《关于进一步规范煤企税费征收工作的通知》，在明确陕西省涉煤收费和基金项目共10项内容之前，陕西省煤炭企业承担的收费项目共计26项，其中包括目前已停征的5项涉煤收费和基金——煤炭价格调节基金、煤矿维简费、煤炭安全生产管理费、水土流失防治费、煤炭计量费；取消的不合理及违规收费：一是运煤专线建设基金、应急保障专项基金、安全押金、煤炭出境管理费、煤炭资源开发补偿费、环境治理补偿费、采空区治理费、煤炭运销管理费、IC卡费、中煤规费、标识卡费等。二是有关市、县政府和部门重复收取的水资源费、排污费等。

表5－14 陕西省《关于进一步规范煤企税费征收工作的通知》中明确的收费项目情况

序号	行政性事业收费	征收标准	序号	政府性基金	征收标准
1	矿产资源补偿费	《陕西省矿产资源补偿费征收管理实施办法》	3	水土保持（或流失）补偿费	陕北5元/吨 关中3元/吨 陕南1元/吨
2	排污费	《排污费征收使用管理条例》和《排污费征收管理办法》	4	水资源费	1元/吨

续表

序号	行政性事业收费	征收标准	序号	政府性基金	征收标准
5	铁路护路联防费	0.3 元/吨	8	水利建设基金	营业收入的 0.8‰
6	教育费附加	（消、增、营）3%	9	森林植被恢复费	《森林植被恢复费征收使用管理暂行办法》规定（见表 5-15）
7	地方教育费附加	（消、增、营）2%	10	生态补偿基金	省政府确定

表 5-15　　森林植被恢复费具体征收标准

林地类型	征收标准（元/每平方米）
材林林地、经济林林地、薪炭林林地、苗圃地	6
未成林造林地	4
防护林和特种用途林林地	8
疏林林地、灌木林林地	3
宜林地、采伐迹地、火烧迹地	2
城市级城市规划的林地	可按照上述规定标准的 2 倍征收

资料来源：财政部、国家林业局关于印发《森林植被恢复费征收使用管理暂行办法》。

（4）中央企业承担的涉煤收费项目

由于国有企业具有跨区跨业态经营的特点，其缴纳的收费项目能更好地反映当前我国不同地区收费的差异性特点，也更能突出涉煤收费项目的多样性和重复性。基于此，本书也对我国国有煤炭企业承担的收费项目进行梳理（如表 5-16 所示）。可以看出，国有企业缴纳的收费项目达 14 项之多，费用负担不轻，同时，在结合上述煤炭重点生产省份涉煤收费项目的基础上，从表 5-16 可以看出，两者之间既有相同之处，也有差异，相同的收费项目为矿产资源补偿费、排污费、水利建设基金等；不同的收费项目则为地面塌陷补偿费，同时，因业务的差异，国有企业承担了港建费和海域使用费。比较发现，地面塌陷补偿费只有国有企业在缴纳，而其他省份都没有列出此项缴费项目，由此可见，地面塌陷补偿费有其独特之处。具体而言，在国有煤矿企业成本核算中，成本费用栏目中有“地面塌陷补偿费”，是指煤矿进行井下生产而引起民用地塌陷所支付的费用，如购地费、青苗赔偿费和按合同规定一次50户（含50户）以下的民户拆迁赔偿费用。在国有煤矿企业会计核算中普遍采用逐月按产量预提、年终结清、多退少补的核算办法。然而，在集体煤矿成本费用中没有这个支出，不设对应的会计科目；个体小煤矿实际中也很少支付此项费用。

表5-16 2014年某中央企业缴纳的收费项目

序号	收费项目	序号	收费项目
1	矿产资源补偿费	8	教育费附加
2	地面塌陷补偿费	9	地方教育费附加
3	水土流失补偿费①	10	水利建设基金
4	水土流失防治费	11	水资源费
5	可持续发展基金	12	排污费
6	价格调节基金	13	河道治理费
7	港建费	14	海域使用费

由于各个主要煤炭生产省份涉煤收费项目的差异，使得跨区域经营的大型煤炭集团面临着各个收费项目都要缴纳的特点，这明显会造成税费项目的增加和重复，增加了企业支出。从已有资料来看，缴纳水土流失补偿费的有山西和陕西，缴纳水土流失治理费的有内蒙古和山西，缴纳煤炭价格调节基金只有内蒙古，缴纳煤炭可持续发展基金只有山西。但跨区经营的企业，尤其是国有大型煤炭集团公司就需要缴纳所有涉及的收费内容，使得企业费用负担横向之间不公平问题凸显。这也就意味着积极推进收费

① 水土流失补偿费的计征依据是原煤量，征收标准为5元/吨，该项收费的主要用途是水土保持预防保护、重点治理、生态修复及沉陷区治理等项目投资，水土保持项目的配套和补助资金等。水土流失防治费采用核定征收方式，征收标准约为0.15元/吨，该项收费的主要用途是水土流失治理。环境恢复治理保证金的计征依据是原煤量，征收标准为10元/吨，该项保证金的主要用途是矿区生态环境和水资源保护、地质灾害防治、污染治理和环境恢复整治。煤炭可持续发展基金的计征依据是原煤量，征收标准为16元/吨，该项基金的主要用途是促进煤炭工业以及产煤地区经济社会可持续发展。煤炭价格调节基金的计征依据是原煤量，征收标准为15元/吨，主要用途是对低收入群众的生活补贴；困难煤矿和煤矿老企业的技术改造和社会保障补助；矿区环境和生态恢复治理；煤炭沉陷区治理及矿区移民搬迁补助。水土保持补偿费以“开采期间，石油、天然气以外的矿产资源按照开采量（采掘、采剥总量）计征。收费具体标准由各省、自治区、直辖市价格主管部门、财政部门会同水行政主管部门根据本地实际情况制定”。

项目的归并（征收目的相同的可以合并）或设立省际的共同征收标准，以避免出现重复征收。

2. 环保方面涉煤的一些税费规定

（1）矿山环境治理恢复保证金

建立矿山环境治理恢复保证金制度的实质就是为了贯彻“谁污染、谁治理；谁破坏、谁恢复”的环保原则，促进采矿权人在采矿过程中保护矿山环境，并确保在闭坑、停办、关闭后受破坏的矿山生态环境得到治理恢复的一项特别的经济手段和措施（燕守广等，2012）。[①] 2006 年，财政部、国土资源部、环保总局联合发布《关于逐步建立矿山环境治理和生态恢复责任机制的指导意见》，正式提出建立中国矿山环境治理恢复保证金制度，对保证金的使用和监管作出了明确的要求，并提出保证金实行“企业所有、政府监管、专款专用”的原则。以此为依据，中国大部分省份相继出台了矿山环境治理恢复保证金文件，有些以政府的名义，有些则以部门单独或联合名义发布。据此，矿山企业按规定缴纳的保证金，资金性质为企业所有，其权益仍然属于企业，监管部门只负责保证金的征收、监管和管理。只要企业按规定完成矿山环境治理与恢复，并经验收合格后，监管部门必须及时返还保证金。只有在企业不履行环境治理责任，或者治理后达不到验收标准的情况下，权益才会发生改变，监管部门才有权根据相关规定动用保证金实施招标治理。

表 5－17　各省市矿山环境治理恢复保证金征收标准及管理规定

省份	征收标准	保证金的管理办法
江苏省	3—9 元/平方米·年	保证金本金及利息属采矿权人所有，由县级以上地方人民政府国土资源行政主管部门监督使用，专项用于矿山环境恢复治理。保证金由省、市、县（市、区）国土资源行政主管部门分级负责收取，国土资源部登记发证的由省级国土资源行政主管部门负责收取。收取的保证金直接缴入同级财政专户，实行收支两条线管理。对不予返还的保证金作为预算外资金收入纳入部门预算管理，专项用于矿山环境的恢复治理

① 燕守广、沈渭寿、邹长新：《中国矿山环境治理恢复保证金制度》，《环境科学与管理》2012 年第 6 期。

续表

省份	征收标准	保证金的管理办法
山西省①	10 元/吨（原煤产量以征收煤炭可持续发展基金核定的产量为准）	矿山环境恢复治理保证金实行属地管理，由企业所在地县级财政部门开设专户，集中管理，遵循“企业所有、专款专用、专户储存、政府监管”的原则。专户只接受企业矿山环境恢复治理保证金的划入和支出，不接受其他任何资金，也不得用现金缴纳或提取现金；专户按企业分设明细、建立台账，实行分户式管理。关于提取没有具体规定，只是指出矿山环境恢复治理保证金计入煤炭开采企业生产成本，在所得税前列支
陕西省②	4 元/吨（原煤产量）	采矿权人按照经审查备案的治理方案完成治理任务，向国土资源行政主管部门提出验收申请，国土资源行政主管部门要会同环保等相关部门组织专家进行验收。经验收合格的，由组织验收的国土资源行政主管部门开具《矿山地质环境治理恢复验收合格通知书》。经验收不合格的，开具《限期治理恢复矿山地质环境通知书》，责令其限期改正。采矿权人持《矿山地质环境治理恢复验收合格通知书》、保证金存储证明，向国土资源行政主管部门申请提取保证金。国土资源行政主管部门应当自收到申请之日起 30 个工作日内，依据《矿山地质环境治理恢复验收合格通知书》载明的治理费用和相关规定，开具《矿山地质环境治理恢复保证金支取通知书》，交由采矿权人到代理银行办理保证金提取手续。治理工程经验收合格后，采矿权人应对已治理工程进行为期 3 年的后期管护，届时，经国土资源、环保等相关部门二次验收合格的，采矿权人可依法提取剩余的保证金及利息
山东省③	0.3 元/平方米·年	采矿权人应当依法履行矿山地质环境治理义务，并缴纳矿山地质环境治理保证金。采矿权人履行矿山环境治理义务，经验收合格后，由负责收取保证金的国土资源行政主管部门签发矿山地质环境治理验收合格通知书，并及时（比较模糊）将保证金本息返还采矿权人

① 关于印发《山西省矿山环境恢复治理保证金提取使用管理办法（试行）》的通知。
② 关于实施《陕西省矿山地质环境治理恢复保证金管理办法》的通知。
③ 关于印发《山东省矿山地质环境治理保证金管理暂行办法》的通知。

（2）排污费与环境保护税

排污费是直接向环境排放污染物的排污者依法缴纳的专门用于环境污染防治的费用，其纳税对象为直接向环境排放污染物的单位和个体工商户。根据2003年实施的《排污费征收使用管理条例》的规定，排污费必须纳入财政预算，列入环境保护专项资金进行管理，主要用于重点污染源防治、区域性污染防治和污染防治新技术、新工艺的开发、示范和应用等。关于排污费的征收规定，《排污费征收使用管理条例》第11条指出，“国务院价格主管部门、财政部门、环境保护行政主管部门和经济贸易主管部门，根据污染治理产业化发展的需要、污染防治的要求和经济、技术条件以及排污者的承受能力，制定国家排污费征收标准”。未作规定的，省、自治区、直辖市人民政府可以制定地方排污费征收标准，并报以上机构备案。其中，污水类和废气类污染物排污费征收标准分别为每污染当量0.7元和0.6元。

然而，长年低于治理成本的排污费标准达不到激励企业排污减排的目的，随着环保压力的不断加大，我国对排污费征收标准进行了大幅度调整，根据国家发展改革委、财政部和环境保护部联合印发的《关于调整排污费征收标准等有关问题的通知》，2015年6月底前，各省（区、市）要将废气中的二氧化硫和氮氧化物排污费征收标准调整至不低于每污染当量1.2元，污水中的化学需氧量、氨氮及铅、汞、铬、镉和类金属砷五项主要重金属排污费征收标准不低于每污染当量1.4元。征收标准的调整显然使得排污费这种环保污染的经济手段得到更为有力的执行。与此同时，根据最新的《中华人民共和国环境保护税法（征求意见稿）》，已明确提出，为保护和改善环境、促进社会节能减排、推进生态文明建设，在中华人民共和国领域以及管辖的其他海域，直接向环境排放应税污染物（指大气污染物、水污染物、固体废物、建筑施工噪声和工业噪声以及其他污染物）的企业事业单位和其他生产经营者为环境保护税的纳税人，应当依照本法规定缴纳环境保护税。由表5-18不难看出，环境保护税法对排污征收的标准更为清晰，随着环境保护税的立法工作完成，“排污费”逐步被“环境保护税”取代将是实现“费”改“税”的重要方向。然而，从短期来看，这一改革趋势也将意味着煤炭企业承担的税收压力得到进一步提升，而且为了避免缴税，企业在污染治理上的投入明显会加大，成本费用也会提升，这在当前情况下，显然不利于企业经营。

表5－18　环境保护税法（征求意见稿）中与煤炭相关的环境保护税税目税额

税目		计税单位	税额
大气污染物		每污染当量	1.2元
水污染物		每污染当量	1.4元
固体废物	粉煤灰	每吨	30元
	煤矸石	每吨	5元
	其他	每吨	25元

（三）煤炭行业的税费负担

谢东辉（2014）① 研究指出，煤炭企业税费负担是所有制造业、加工行业中负担最重的，石油、天然气、电力、钢铁、水泥等建材产品一般为8%—12%，而煤炭企业达到或超过30%。增值税税负一直保持在13.5%—15.5%（名义税率为17%），所有税费综合负担率在26.5%—36%；进项税额抵扣额明显偏低，仅有2%—3%。同时，根据中国煤炭工业协会的报告显示，由于增值税进项税抵扣范围较少，煤炭企业增值税实际税负在11%以上，远高于其他工业行业税负水平；此外，煤炭税费重复征收、不合理收费项目多等问题未得到根本解决，各种涉煤税费已占企业营业收入的25%—35%。由此可见，当前煤炭行业不仅面临着增值税负担较重的问题，而且整体税费负担也明显高于其他行业。

为了进一步反映实际税费负担情况，本书基于神华集团的研究内容②，从三个层面来分析当前煤炭行业整体税负情况，即省际、不同所有制企业和产业。具体内容如下：

1. 省际矿井税负情况

通过对陕西、内蒙古、宁夏、山西主要矿井税负分析（如表5－19所示），不难看出，自产煤税费负担较高的是内蒙古，达到38.23%，其次为山西，为33.16%；增值税税负均在10%以上。基于各省份的平均，煤炭的增值税税负为13.56%，煤炭企业的税费负担为27.55%，增值税税负占税费负担的比重达到49.21%，由此可见，增值税税负偏重。

① 谢东辉：《关于煤炭企业增值税税负偏重与进项税抵扣中存在问题的探讨》，《经济师》2014年第8期。

② 报告内容数据均来自神华集团提供的《关于煤炭增值税税负分析及建议》文稿。

表 5－19　　主要煤炭生产大省煤炭企业税费负担情况

项目	陕西	内蒙古	宁夏	山西	平均
自产煤数量（万吨）	19588	10305	4739	450	35082
自产煤售价（元/吨）	263.29	215.00	262.22	188.97	260.94
自产煤营业收入（亿元）	544	224	139	9	915
自产煤税费总额（亿元）	132	86	32	3	252
增值税（亿元）	70	35	19	1	124
自产煤税费负担	24.27%	38.23%	22.79%	33.16%	27.55%
增值税实际税负	12.86%	15.42%	13.52%	10.31%	13.56%
吨煤税费（元/吨）	67.39	83.17	66.77	62.67	71.88

2. 民营企业税负情况

表 5－20 是对内蒙古某民营企业税费征收情况的统计，整体而言，自产煤 2014 年缴纳的税金达到 10.96 亿元，税费负担比重达到 34.60%，而同期的增值税税负也达到了 13.93%。

表 5－20　　内蒙古某民营企业 2010—2014 年税费负担情况

项　　目	2010 年	2011 年	2012 年	2013 年	2014 年	平均
自产煤数量（万吨）	1706	2047	2063	1796	1847	1747
售价（元/吨）	233	266	234	185	172	212
营业收入（亿元）	39.74	54.39	48.31	33.25	31.68	37.63
税金（亿元）	11.67	20.70	17.16	9.82	10.96	12.80
其中：增值税	6.09	8.50	7.13	4.26	4.41	5.48
全年进项税	0.69	0.75	1.10	1.43	1.36	0.99
其中：设备购置进项	0.07	0.07	0.16	0.49	0.25	0.22
设备进项税占比	10%	9%	15%	34%	18%	22%
设备进项税率	0%	0%	0%	1%	1%	1%
自产煤税费负担	29.36%	38.06%	35.52%	29.53%	34.60%	34.01%
增值税实际税负	15.32%	15.64%	14.76%	12.81%	13.93%	14.55%

3. 产业间税负比较

从表 5－19 和表 5－20 可以看出一个明显的特征，就是煤炭行业整体税费负担较高，在 30% 左右，而占据税费负担比重较高份额的显然是增值税，实际税负接近15%，增值税税负明显偏高可以说是煤炭企业的一个典型特征事实。从工业企业情况来看，2013年全国工业企业增值税综合税率为2.93%，而煤炭开采和洗选业在6.35%，明显高于全国水平，同其他工业企业比较来看，这一税率水平只是低于石油和天然气开采业，而均高于其他行业。由此可见，煤炭企业增值税负担较重是不争的事实。

表5-21　规模以上工业企业平均增值税综合税率比较　单位:%

行业	2010年	2011年	2012年	2013年	平均
全国总计	3.22	3.12	3.40	2.93	3.17
煤炭开采和洗选业	8.36	8.15	7.45	6.35	7.58
石油和天然气开采业	8.37	8.32	9.36	8.99	8.76
通用设备制造业	2.98	2.77	3.08	2.78	2.90
专用设备制造业	2.92	2.79	2.93	2.81	2.86
交通运输设备制造业	3.20	2.85	3.03	2.97	3.02
电气机械及器材制造业	2.60	2.47	2.84	2.48	2.59
通信设备、计算机及其他	1.64	2.08	2.20	1.51	1.86

三　矿下采煤的生产流程与生态环境问题

从前述关于煤炭行业税费问题的分析中可以看出，当前涉及煤炭行业的税费项目（尤其是一些收费项目）均直接或间接与其生产过程的不同环节密切相关。与此同时，从行业特点来看，煤炭不同于地面作业，其需要在井下生产，自然就存在不同于其他行业的特点。基于此，本书认为只有在对煤炭行业工艺流程有了清晰全面认知的基础上，才能更好地对当前一些税费项目征收的合理性与非合意性进行更科学的判断，进而有利于提出改进的方向。

（一）煤炭行业的生产工艺流程

煤炭生产的工艺流程决定了煤炭生产与其他地面作业的加工工业不同。虽然材料成本占原煤生产成本的比重较大，但煤炭生产所消耗的材料并不构成煤炭产品实体，与其他制造工业不同，原煤生产所消耗的材料不能融入产品中去，只是为原煤生产提供条件。与此同时，原煤生产环节比较多，然而，按原煤生产的工艺技术过程来说，原煤生产属于大量的、单阶段的生产，成本计算时没有期初和期末产品，而按生产环节来说，却是复杂的、多环节的，矿井的基本生产环节有掘进、回采、运输、提升及地面主产系统等，辅助主产环节有通风、瓦斯抽放、排水、照明、动力及设备维修等。由于辅助生产环节多，加之非直接生产占用高、设备及工程投资大，这就自然地造成了煤炭成本中固定成本和非直接生产成本比重大。此外，在前期的开采阶段，生产煤炭需要做大量的准备工作，如居民搬迁、井筒建设、开拓延深、采煤工作面布置、设备安装调试、矿务工程准备、系统建设（供电、供排水、通风、监测）等。

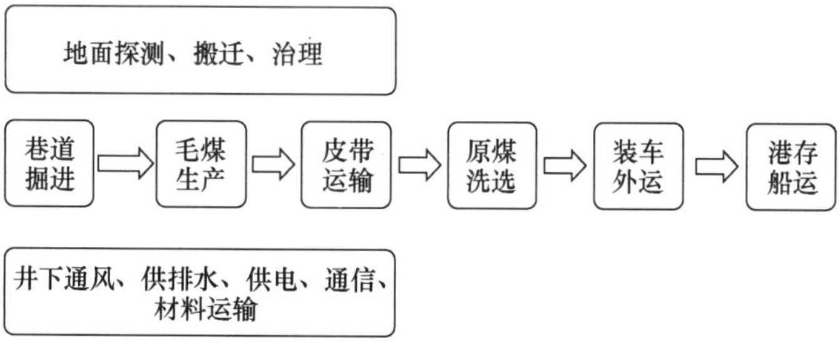

图 5－2　煤矿多环节多系统的生产工艺流程

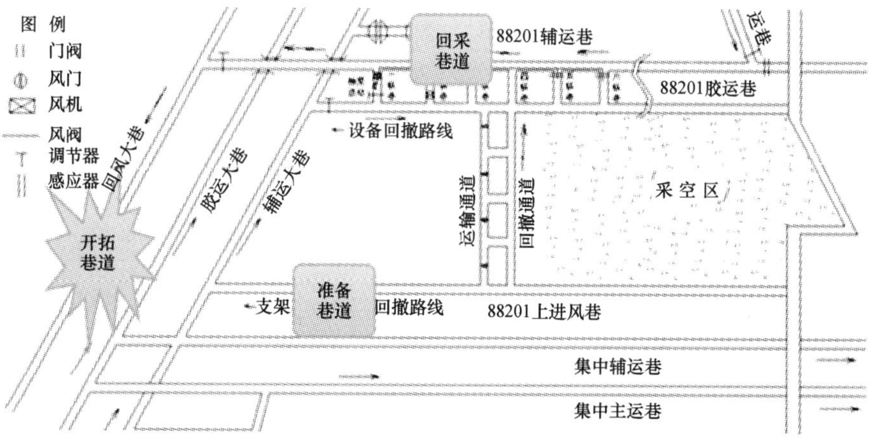

图 5－3　煤炭井下主要工作巷道（按井巷作用和服务范围分）

（二）煤炭生产环节涉及的生态问题与循环经济

煤炭开采会带来对应的生态破坏和环境污染问题，一是煤炭开采会造成矿井水外排，而矿井水如果不经过处理直接外排，会严重污染地面水源，造成水体污染，同时，也因外排造成低下水位下降，引起地面塌陷；二是煤炭开采造成的采空区，以及过分地肆意采挖将造成地层错动，地表下沉；三是煤炭开采前期需要对地表植物、作物进行清理，这就容易引起耕地破坏、森林植被破坏；四是煤矸石的堆积和不合理处理，一方面会造成固体源污染，另一方面也会因挤占耕地而造成更大范围的土地占用。然而，近年来，随着我国生态环境治理的加强，煤炭企业变废为宝的循环经济发展获得实质性推动，表现为：一是加强矿井废水和区域环境综合治理，如对矿井水进行治理；二是加大对煤矸石等非煤副产品的综合利用，如加大煤矸石回填采矿区，利用煤矸石发电，以及制作成工程建筑材料；三是积极做好煤矿区的植被恢复和土地复垦工作，加大对煤矿塌陷区的治理。

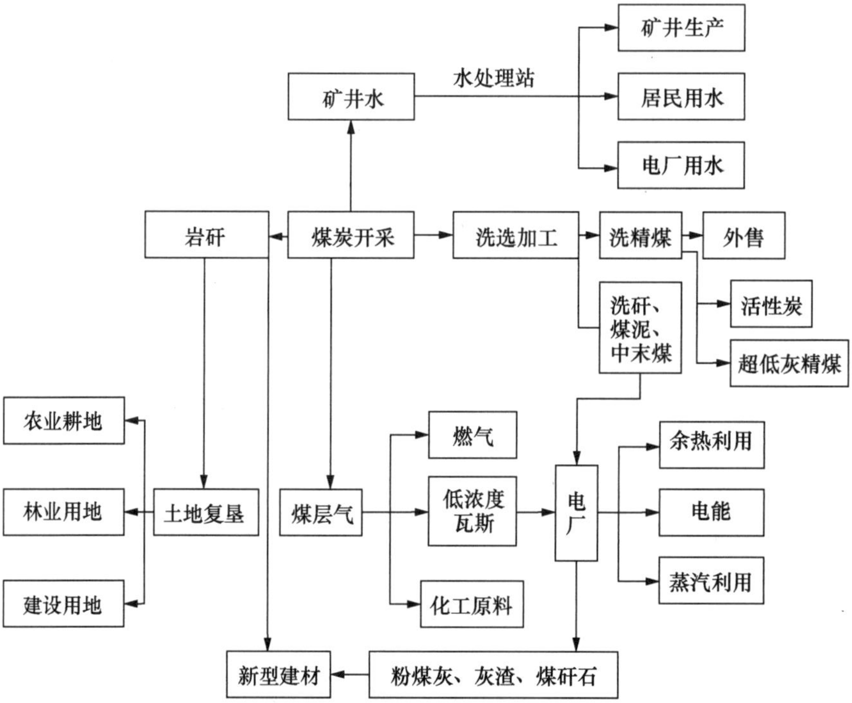

图 5 –4　煤炭生产环节中的生态环境问题及循环经济的发展路径

四　国外煤炭行业的财税政策

（一）世界煤炭生产消费情况

根据BP统计，2014年全世界煤炭生产总量达到39.335亿吨油当量，同比下降0.7%，为2009年以来第一次出现负增长。从地区情况来看，亚太地区煤炭产量为27.22亿吨油当量，占世界的比重为69.2%，从增长情况来看，却创下本地区1998年以来的首次同比增长下降，降幅为0.7%。从消费情况来看，2014年世界煤炭消费总量达到38.81亿吨油当量，同比增长0.4%，亚太地区煤炭消费量达到27.76亿吨油当量，同比增长1.7%。从具体国别情况来看（如图5-5所示），中国仍是世界最大的煤炭消费国，占世界煤炭消费的比重仍高于50%，达到50.5%，美国是第二大煤炭消费大国，消费比重为11.6%。近年来，印度煤炭消费总量呈现明显增长的态势，2014年消费量达到3.60亿吨油当量，同比增长11.1%，占世界的比重达到9.3%。从最大消费国分布来看，新兴市场国家煤炭消费比重依然较高，而美国等经济发达国家煤炭消费比重偏低。从趋势来看，1965年以来OECD国家煤炭消费总量呈现出平稳增长的态势，然而近年来，尤其是2010年以来，煤炭消费下降的趋势越发明显。而非OECD国家在进入21世纪以来，煤炭消费总量大幅提升，2014年煤炭消费总量达到28.29亿吨油当量，相比于2000年的12.33亿吨油当量，增长1倍多（如图5-6所示）。由此不难看出，未来世界煤炭消费分化的

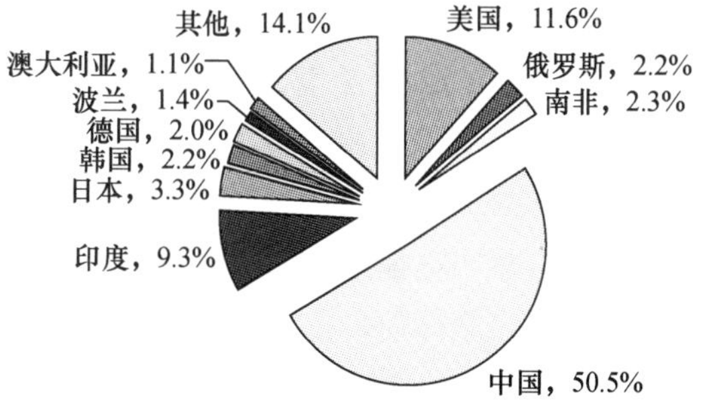

图5-5　2014年世界煤炭消费大国煤炭消费占比情况

资料来源：根据BP统计资料整理所得。

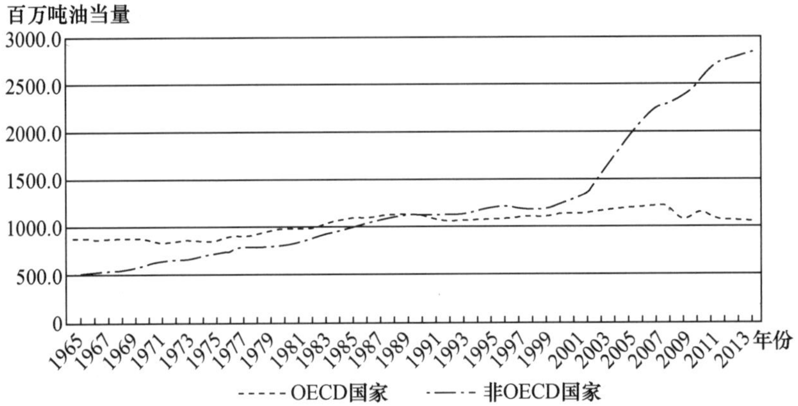

图5－6 1965—2014年OECD国家与非OECD国家煤炭消费量变动情况

资料来源：根据BP统计资料整理所得。

趋势会继续，OECD国家煤炭消费总量会继续下滑，基于我国当前及未来煤炭行业发展的大环境，本书主要对OECD国家当前的煤炭政策进行梳理分析。

（二）OECD国家煤炭行业财税政策的导向

根据IEA对OECD国家能源价格和税收的统计资料，我们发现在当前OECD国家中，仍然开征煤炭税种的国家只有10个（如表5－22所示）。从作用对象来看，当前所开征煤炭税的国家更多的是一种消费型税制结构，这明显不同于我国煤炭税费集中于生产环节的特点，从实际情况来看，包括英国、日本等OECD国家已经关停了国内的煤矿生产，所以针对生产环节征收的税收政策也就没有存在的现实需要。从中可以看出，目前OECD国家中征收的税种主要为增值税（从OECD国家税制结构特点来看，针对家庭征收的增值税是一种一般性消费税，在本书第三章中已有详细介绍）和消费税，从部门情况来看，两个税种的征收对象主要是家庭，纳税的煤种主要是动力煤（与其他能源比较起来看，煤炭的增值税税率保持了横向的平衡）；工业部门缴纳增值税的国家只有土耳其和日本。消费税方面，税收对象明显偏重于工业部门，在征收方式上采取的是从量计征，基于汇率换算，整体而言，当前针对工业的消费税税负水平是较低的。

近年来，随着各国通过各种举措不断降低温室气体排放的力度加大，对煤炭征收消费税已经成为减少煤炭消费的一种重要手段。据韩国财务部

表 5-22 OECD 国家中开征煤炭税种的国家及税种情况

税种 国家	增值税（税率/%）		消费税（国家货币/吨）		
	家庭	工业	家庭	工业	
	动力煤	焦煤	动力煤	焦煤	动力煤
比利时	12%		0		
捷克	21%				
芬兰				132.7	132.7
匈牙利	27%		52.67		
爱尔兰	13.5%				
波兰	23.0%				
葡萄牙				4.26	4.26
土耳其	18.0	18.0			
英国	5.0				6.91
日本		8.0		1140	1140

资料来源：energy prices and taxes，IEA Report Vol. 2015，No. 1.

表 5-23 国外化石能源增值税率的比较

国家	（居民家庭）增值税（%）				
	轻燃料油	柴油	无铅汽油	天然气	动力煤
比利时	21.0	21.0	21.0	21.0	12.0
捷克	21.0	21.0	21.0	21.0	21.0
匈牙利	—	27.0	27.0	27.0	27.0
爱尔兰	13.5	23.0	23.0	13.5	13.5
波兰	23.0	23.0	23.0	23.0	23.0
土耳其	18.0	18.0	18.0	18.0	18.0
英国	5.0	20.0	20.0	5.0	5.0

资料来源：energy prices and taxes，IEA Report Vol. 2015，No. 1.

消息称，从 2014 年 7 月 1 日起，韩国将对动力煤征收消费税，其中，对于 5000 大卡及以上进口动力煤征收 19000 韩元/吨（约合 20 美元/吨），5000 大卡以下将征收 17000 韩元/吨。同时，为了减少二氧化碳排放，鼓励清洁能源消费，韩国将削减清洁能源消费税，将天然气消费税从目前的 60000 韩元/吨下调至 42000 韩元/吨。天然气等清洁能源消费税下调，动力煤消费税起征，将导致韩国电力企业通过不断加大对清洁能源消费并削减煤炭高污染能源使用，来降低生产成本。同时，作为碳排放交易机制的一部分，韩国政府宣布向电厂和工业部门部分征收二氧化碳排放税。

五 我国财税政策存在的问题与改革建议

（一）现行煤炭财税（费）政策存在的问题

1. 煤炭行业增值税税负较重，进项抵扣额度明显偏低。对于煤炭行业而言，我国的增值税改革均没有实现煤炭企业税负下降的目的。1994年、2009年两次增值税税改，均不同程度地造成了煤炭行业税负的增高。按照1994年增值税税率，2007年煤炭采选业实际增值税率为7.32%，同期全国规模以上工业企业实际增值税税率仅为3.41%，煤炭行业实际增值税税率高于全国工业平均水平一倍多。

2009年增值税转型，初衷在于改生产型增值税为消费型增值税，减少产业生产环节重复征收现象，故增加了固定资产抵扣，以便最终降低税负，进而促进投资。然而，根据表5-21的计算结果，2013年全国工业企业增值税综合税率为2.93%，而煤炭采选业却高达6.35%，仍高于全国工业平均水平一倍多。这就意味着增值税改并没有带来煤炭行业实际税负的显著下降。与此同时，由于煤炭行业属于资源性行业，煤炭在从资源转为产品的生产过程中，可用于抵扣的进项相对较少，增值税的转型令煤炭行业并没有享受到实惠，反而因无法有效抵扣而造成实际税负提高。根据表5-20的计算，内蒙古某民营企业的设备购置的进税项只占全部进项税的22%，设备购置进项税率为1%。此外，根据神华集团的计算，可抵扣成本项目总额占总成本的24.81%，主要是采掘所需要的材料、电力、大修、日常维修、运费、生产车辆费、洗选加工材料费和电费等支出。而不能抵扣项目占总成本的75.19%，主要是人工成本、搬迁补偿费、折旧费、安全维简费、矿务工程费、水利基金、资源税、水土流补偿费、水资源费、排污费、矿产源补偿费、价调基金、可持续发展基金、耕地占用税等，营业税金及附加、房土两税、销售费用、财务费用、管理费等支出。

从销售环节来看，煤炭企业也面临增值税抵扣不足的局面。从前面来看，“营改增”的确增加了煤炭行业交通运输费的抵扣比例，但在销售环节增值税税率为17%的情况下，交通运输业的抵扣比例只有11%，仍有6%不能抵扣，这就意味着从煤炭生产矿井发运到用户或港口，其间发生的部门费用仍需要由煤炭生产企业负担。与此同时，作为煤炭销售企业，其对外销售价格与采购价格即购销价差需要缴纳17%的增值税，然而购销价差中除煤炭产品增值部分外，其余均为发生的费用，如铁路运输成本、港口转运成本等，在“一票结算”的情况下，同样计提17%的增值税，明显增加了企业的税收负担。

2. 涉煤收费项目较多，煤炭企业税费负担偏重。中国煤炭工业协会曾对国内煤炭企业进行税费成本的调研，范围涉及5个省份，包括14家大型煤炭企业，其调研结果显示，煤炭企业税费支出占煤炭企业营业收入的35%，其中税负约为21%，费用负担为14%，由此可见，涉煤收费项目给煤炭企业带来了沉重的负担，表5－19和表5－20也较好地证实了这一点。根据神华年报，2013年，神华集团共缴纳税费697.81亿元，其中，税款585.72亿元，占税费的83.94%，政府性基金及规费112.08亿元，占税费的16.06%。按照车板价和平均售价计算的煤炭企业费用负担来看（如表5－24所示），费用负担比重处于6%—10%之间，也充分显示了涉煤收费项目给煤炭企业带来了沉重的费用负担。与此同时，由于涉煤收费项目整体仍较多，各个省之间差异明显，例如，缴纳水土流失补偿费的有山西和陕西，水土流失治理费的则有内蒙古和山西，煤炭价格调节基金只有内蒙古征收，煤炭可持续发展基金也只有山西省缴纳，这就无形中给跨区经营企业带来了多项缴费的问题，由于收费项目多为地方性项目，相互之间无法抵消，这就直接造成了收费范围的扩大，跨区经营范围越多，企业缴纳的费用明显增多，造成煤炭企业费用负担的横向增加。

表5－24　按车板价和平均售价分别计算的煤炭企业费用负担情况

单位：亿元

自产煤税费情况（按平均售价）		自产煤税费情况（按车板价）	
项目	金额	项目	金额
自产煤营业收入	1120.00	自产煤营业收入	795
税金	268.39	税金	213
费用	76.20	费用	76
费用负担（%）	6.8	费用负担（%）	9.6

3. 生态环保类收费名目繁多，“费改税”趋势下企业经营压力日趋加重。近几年，国家及地方政府非常重视环境的治理，发布了严格的法律法规，既有收费和基金的法规，又有环境治理相关政策。从前述梳理的资料来看，煤炭生产企业涉及的生态环保类税费主要包括水土流失补偿费（山西和陕西）、水土流失治理费（内蒙古和山西）、煤炭价格调节基金（内蒙古）、煤炭可持续发展基金（山西）、水土保持补偿费（财政部、国家发展改革委、水利部、中国人民银行）。在缴纳各项环保收费的同时，煤炭企业也需要支出大量的环境治理资金。从政策方面看，国家和地方的收费（基金）的用途主要是环境治理和地面塌陷的治理；从实际使用方面看，政府的收费（基金）没有安排在环境治理方面，缴费矿区和企业没有得到任何实惠；从实际治理方面看，对于矿区的绿化、水土流失治理、塌陷地复垦、失地农民补偿等，煤炭企业按照国家和当地政府的有关规定，自行负责进行相关的治理与恢复。换言之，煤炭企业相应地按照有关规定缴纳各项费用和基金，同时按照有关规定进行环境治理，承担着双重的费用支出，加大了成本费用的负担。以神华集团的神东公司为例，2011—2013 年，神东公司共支出搬迁安置费 25.45 亿元，复垦费 208 万元，绿化费 1.56 亿元，塌陷区补偿与治理费 17.78 亿元（其中，支付塌陷补偿款 11.63 亿元）。与此同时，对于跨区经营的企业，尤其是国有大型煤炭集团公司，由于其经营业务地理范围较广，各种名目的生态环保收费其均需要缴纳，造成费用支出的增加，致使企业费用负担横向不公平问题更加凸显。

在当前环保形势越发严峻的现实背景下，我国也加快了对排污费征收标准进行大幅调整的步伐，根据国家发展改革委、财政部和环境保护部联合印发的《关于调整排污费征收标准等有关问题的通知》，2015 年 6 月底前，各省（区、市）要将废气中的二氧化硫和氮氧化物排污费征收标准调整至不低于每污染当量 1.2 元，污水中的化学需氧量、氨氮及铅、汞、铬、镉和类金属砷五项主要重金属排污费征收标准不低于每污染当量 1.4 元。《中华人民共和国环境保护税法（征求意见稿）》也明确提出，为保护和改善环境，促进社会节能减排，推进生态文明建设，在中华人民共和国领域以及管辖的其他海域，直接向环境排放应税污染物（指大气污染物、水污染物、固体废物、建筑施工噪声和工业噪声以及其他污染物）的企业事业单位和其他生产经营者为环境保护税的纳税人，应当依照本法规定缴纳环境保护税。不难看出，环境保护税法对排污征收的标准更为清晰，随着环境保护税的立法工作完成，“排污费”逐步被“环境保护税”取代将是实现“费”改“税”的重要方向。征收标准的调整显然使得排污费这种环保污染的经济手段得到更为有力的执行，然而，根据表5－18的环境保护税税目税额表，征收标准明显提高，从短期来看，这一改革趋势也将意味着煤炭企业承担的税收压力得到进一步提升，而且，为了避免缴税，企业在污染治理上的投入明显会加大，成本费用也会提升，这在当前情况下，显然不利于企业经营。

4. 煤制油消费税过重，不利于煤炭工业的多元化发展。推进煤炭企业业务转型和多元化发展是当前煤炭发展大环境不景气背景下的现实选择，其中，煤制油、煤化工是煤炭企业进行产业链拓展或产业深加工的重要选择。然而，煤制油消费税的开征，却极为不利于煤炭企业转型和多元化战略发展。具体而言，煤制油消费税给企业多元化发展带来了沉重压力，使得项目的经济性受到严重削弱。

作为循环经济项目，煤焦油加氢本身是为焦炭企业配套的资源综合利用项目，由于充分利用了炼焦过程中副产的煤焦油和焦炉煤气，能源资源利用效率高，且对燃油市场起到了很好的调剂与补偿作用，因此，理应受到国家和地方政府鼓励，然而《国家税务总局关于消费税有关政策问题的公告》（2012年第47号）却指出，纳税人以原油或其他原料生产加工的在常温常压条件下（25℃/一个标准大气压）呈液态状（沥青除外）的产品，按以下原则划分是否征收消费税：产品符合汽油、柴油、石脑油、溶剂油、航空煤油、润滑油和燃料油征收规定的，按相应的汽油、柴油、石脑油、溶剂油、航空煤油、润滑油和燃料油的规定征收消费税。这就意味着对煤焦油加氢、煤直接液化，以及MTBE等企业将产生重大而深远影响。消费税新政实施后，相关企业将被征收1元/升的燃油消费税，以一个50万吨/年煤焦油加氢制取轻质燃料油项目为例，每年增加税负将在5亿元以上，企业不仅无法盈利，甚至可能亏损。2014年11月以来，国家连续三次提高成品油消费税税率，成品油税负比例已增至45%左右。调整后，以一个16万吨/年煤制油示范项目为例，柴油综合税负为39.67%，石脑油综合税负为61.55%。受国内成品油消费税税率的提高与国际油价的持续下跌影响，目前每生产一吨柴油，企业亏损301.08元；每生产一吨石脑油，亏损753.07元，消费税过重已成为制约煤制油产业发展的主要因素。与此同时，对包括煤焦加氢这种具有明显节能减排效益的产品加征消费税，有可能导致众多企业放弃煤焦油深加工，从而使我国经过几十年实践探索的煤焦油与焦炉煤气综合利用技术推广受阻，使焦化企业的节能减排与治污工作出现倒退，甚至会因企业对投资煤焦油战略的技术研发失去动力和兴趣，延缓我国煤制油技术开发与工业化进程。

5. 矿山环境治理恢复保证金规范标准不统一，保证金返还面临现实困难。保证金制度在中国开始普遍施行以来，矿山治理项目验收困难、保证金归还不及时、专款专用无法保障等问题随之出现。同时，由于依然没有国家层面的立法规范，各省在制定保证金制度的具体内容上缺乏统一，存在明显的差异（如表5－17所示），比如，保证金的征收标准、监督和管理、矿山环境治理恢复后的验收，以及验收后保证金提取的时间限定等，甚至连保证金的名称都不尽相同，如陕西省称为“矿山地质环境治理恢复保证金”，而山西省称为“矿山环境恢复治理保证金”。

2006年，财政部、国土资源部、环保总局联合发布的《关于逐步建立矿山环境治理和生态恢复责任机制的指导意见》，虽然正式提出建立中国矿山环境治理恢复保证金制度，对保证金的使用和监管作出了明确的要求，并提出保证金实行“企业所有、政府监管、专款专用”的原则。但在地方具体的执行过程中，明显存在偏离政策导向与初衷的现象，具体而言，矿山环境治理恢复之后却无法实现验收，验收合格后却无法在限定的时间内获得对应的保证金返还。以限定资金返还时间为例，陕西省清晰规定是限定在30个工作日内提取，而山东省却无明确规定，只是强调及时，概念显然比较模糊，执行起来弹性就比较大，这就容易造成执行效力不强、企业提取资金困难的局面，而山西省只是单纯强调了保证金的管理与监督问题，而对于恢复治理后保证金提取的条件规定，以及如何提取等没有相应的规定。与此同时，有些地方并没有执行由地方政府、企业和环保部门共同管理的公共账户设置的规定，而是保证金直接上缴给地方政府，由于缴纳的方式多是以货币形式提前缴纳，就造成大量的资金被沉淀起来，由于缺乏对应的专款专用监管，就很容易造成地方政府在财政吃紧的局面下挪作他用，造成项目验收后的兑现困难或返还拖延状况，严重影响企业经营决策。

（二）煤炭行业财税政策改进建议

结合当前我国煤炭行业财税政策存在的突出问题和我国煤炭行业发展

的现实环境与未来趋向，我们认为积极推进煤炭行业财税体制机制改革是必要的，也是十分重要的。同时，鉴于煤炭作为国家主体能源地位短期内难以发生根本性的改变，在煤炭安全绿色生产和高效清洁利用的转型过程中，发挥煤炭财税政策的积极效用也是行业健康持续发展的内在要求。基于上述判断，本书认为煤炭行业财税政策的调整与完善需要坚持以下原则：一是继续坚持能源行业“清费立税”的改革，探讨煤炭增值税税率或抵扣范围扩大税制调整，切实减轻煤炭企业的税费负担；二是在推动能源结构转型的基础上，坚持推进煤炭绿色安全生产和清洁高效利用；三是在税制安排（尤其是环保税）的策略上要坚持历史唯物主义，既要考虑到当前煤炭经营的困难局面，坚持做到不增加税负，同时也要结合长远，做到有利于推动煤炭行业转型升级；四是要结合各地地质地理条件的实际（如平原地区和山地地区），考虑煤炭企业生产特点，调整相关制度安排，坚持政策意愿与企业经营安排并行不悖；五是坚持能源消费总量控制和节能减排，逐渐形成针对煤炭消费环节的税制结构。

基于当前的现实发展环境，本书认为以下建议是亟须调整和改进的。具体而言：

第一，尊重煤炭企业生产流程特点，加快制定实施抵扣减免政策。煤炭企业的井下巷道与交通运输业的运输巷道有着明显的不同，与一般性的工矿企业厂房也有着很大的区别，不应该归属于一般性的建筑物与构造物。然而，2009 年 9 月 9 日，财政部、国家税务总局下发了《关于固定资产进项税额抵扣问题的通知》（财税〔2009〕113 号，以下简称 113 号文件），将“矿井”和“巷道”列入了构筑物范围。据此，一些地方的国税部门不允许煤炭企业抵扣“矿井、巷道及其附属、配套设施”进项税。从前述的煤炭生产工艺流程来看，由于煤炭资源的不可再生性和不可移动性，决定了煤炭生产场所必须随着煤炭开采而移动，应像制造业生产线一样，允许抵扣其进项税额，而不应该以巷道是否资本化作为能否抵扣进项税额的界限，更不应该将费用化的巷道排除在增值税抵扣范围之外。

从当前及未来煤炭行业发展的大环境来看，增值税税率向下调整的政策在短期内出台的可能性不大，并且按照地区、企业区分增值税税率是不现实的，因此，当前煤炭增值税税负降低的重点要集中在进项抵扣上，换言之，要扩大进项抵扣的范围，从目前情况来看，可抵扣范围只有 25% 左右，因此，扩大抵扣范围还有很大挖潜空间，针对煤炭行业的特殊性和税负的实际，可以初步考量将资源税、居民搬迁费及补偿费、土地塌陷补偿费、探矿权价款、采矿权价款、水土流失补偿费、水利基金、水资源补偿费、煤炭价格基金、可持续发展基金、绿化费等，列入增值税抵扣项目范围内。从长远来看，进项抵扣范围的扩大不仅可以改变煤炭企业单纯依赖煤炭采掘进行业务增长的传统发展模式；而且有助于推动煤炭企业业务的纵深拓展，加快向深加工之路迈进。这是因为煤化工等加工行业的设备投资较大，而且煤炭可以作为原料，这样就会使得企业进项抵扣随之扩大，造成实际增值税税率的下降。同时，对于产、运、销一体化管理的煤炭企业，由于将铁路运费并入煤炭销售收入，加大了增值税税负，建议按照平仓价减去运输环节的费用征收增值税。

第二，积极完善财税优惠政策，提高已有政策的执行力度和程序规范。从能源财税体制机制改革大的方向来看，近年来，国家明显加大了对非煤生产企业尤其是清洁能源发展优惠政策的支持力度，相比较而言，煤炭除了自身已承受的税费较多之外，未来有望承担的税种会明显增加，这样显然是不利于煤炭企业的持续健康发展的。一方面，煤炭企业承担较多的税费负担；另一方面，其他非煤生产企业享受大量财税优惠政策，横向比较容易造成税负不公平现象的加剧。从煤炭行业发展的未来趋向来看，实现绿色安全生产和清洁高效利用是必然选择。因此，要注重对新技术、新工艺、新材料等的支持，加大在煤炭安全、煤炭清洁高效利用设备投入上的支持力度，并给予推进煤炭生产及安全技术研发的资金投入的所得税优惠。与此同时，优惠政策的涉及面尽量照顾到煤炭多环节、多系统生产的特点，也要注意到煤炭纵向业务拓展的生态环境意义，例如，积极鼓励煤矿开发和发电一体化经营的煤矿企业为减少污染物排放而进行的煤炭利用技术的开发、推广给予政策支持。此外，注重国际经验的借鉴意义，例如，可以借鉴日本经验，形成矿区经营系统化理念，制定低碳生态环保矿区。

提高已有优惠政策的执行力度和执法规范同样有利于促进煤炭企业的脱困步伐，相关主管部门要针对当前存在的关于煤炭企业科技投资计划所发生的实际费用所享受的所得税优惠执行不到位、优惠打折扣的问题，提高监管力度和执行效力，在管理层面上可以进一步探索扁平化安排，减少执行环节。同时，针对一些地方政府因财政压力加大而提高返还门槛、增加申报门槛的做法要及时通告有关部门加快整改。

第三，加快煤炭行业清费工作的推进，推进职能相同费用的归并。根据山西省财政厅的评估，如果“取消煤炭稽查管理费，降低煤炭产品质量监督检验费征收标准，取消煤炭工业厅为其 11 个事业单位向五大煤矿集团收取的服务费，以及煤运公路煤炭统一经销环节收费”的两步改革全部到位后，吨煤减负量至少可达 14.3 元，每年至少可减轻企业负担 135.51 亿元。由此可见，清费对于减轻当下煤炭企业运营压力极具现实意义。因此，在当前形势下，加快清理涉煤收费项目对于煤炭企业脱困转型极具现实意义，基于长远，这也是发挥市场机制决定性作用，进而实现煤炭健康持续发展的重要基础。

从现实情况来看，虽然近年来包括山西、内蒙古、山西和山东等主要煤炭生产大省（区）都陆续出台了关于涉煤费用清理的指导意见，但从清理后煤炭企业缴纳的行政性收费和基金项目来看，种类依然很多，对于实质性的减负所发挥的效用仍显不足，因此，在下一步的推进过程中，各个地方政府要进一步研究可取消或暂停的收费项目，同时，对于征收目的相同的收费要坚持归并，例如，中央政府和地方政府均发布水土流失补偿费、煤炭价格调节基金等政策，这些规费的用途之一就是煤矿塌陷区治理及矿区移民搬迁补助，同时煤炭生产企业缴纳塌陷补偿费，所以塌陷地土地使用税与上述塌陷补偿性费用重复征收。基于当前各个地区的试点，可以取消以下收费项目：矿产资源补偿费、水土流失补偿费、水利建设基金、水资源费、探矿权价款、采矿权价款、矿山环境恢复治理保证金、煤炭转产发展基金、煤炭可持续发展基金、煤炭价格调节基金、能源基地建设基金、电源基地建设基金等。

与此同时，从省份横向情况来看，当前各个重点煤炭生产省份保留的涉煤收费项目存在明显的差异，使得跨区域经营的大型煤炭集团面临着各个收费项目都要缴纳的特点，这明显造成税费项目的增加和重复，增加了企业支出。从当前梳理的各项收费分布情况来看，存在明显的趋同性，例如，山西和陕西省共同征收水土流失补偿费，内蒙古和山西两地区都征收水土流失治理费等，内蒙古的煤炭价格调节基金和山西的煤炭可持续发展基金功能具有明显一致性，因此，可以考虑建立煤炭共同收费项目的共收共享机制，或者重复和性质相近的税费应实行“费改税”，以减轻煤炭企业负担，有利于市场公平竞争。

第六章　本书主要研究结论

能源行业是国民经济的基础和支柱行业，在我国国民经济持续健康发展和产业转型升级中承担着重要作用。促进能源行业健康可持续发展和能源资源的节约利用是能源财税政策的重要目标。从新中国成立至今，我国经济体制经历了从计划经济向市场经济的重大转变，税收政策对国民经济的调节作用增强。我国现行税制包括以下五个类别 18 个税种，分别是：流转税类：包括增值税、消费税、营业税、关税；所得税类：包括企业所得税、个人所得税；资源税类：包括资源税、耕地占用税、城镇土地使用税、土地增值税；财产税类：包括房产税、契税、车船税、城市房地产税、车船使用牌照税和船舶吨税；行为税类：包括印花税、城市维护建设税。固定资产投资方向调节税停征。本书在分析我国财税制度、行业税制和支出制度的基础上，对石油、天然气、电力和煤炭四个行业税费结构和税收负担进行了分析和国际比较，结合当前财税体制改革的目标与上述四个行业税费存在的问题，提出了优化我国能源行业财税政策的建议。

一　石油行业税费问题及改进措施

我国现行的 18 个税种中，所有税种都适用于石油行业。增值税、消费税、营业税、关税、企业所得税、城镇土地使用税、耕地占用税、土地增值税等是石油税制的主体。除了税收之外，石油行业还必须缴纳名目繁多的收费项目，这是石油行业税负高于一般行业的重要表现。在国民经济所有行业中，能源行业税负最重。在所研究的四个能源行业中，石油行业税负最重，接受的政府补贴也最多，历来饱受社会各界非议。导致无论企业盈利还是亏损，石油企业都被非议。毫无疑问，形成上述问题的主要原因是石油行业被看作是特殊行业，石油行业的改革滞后于经济社会发展的需要。

世界主要产油国的石油税费基本上由两大部分构成：一是适用于所有工业企业的普通税费，如所得税等；二是油气矿业特有的税费，如权利金、资源租金税、矿业权租金等。我们的研究发现，不同国家不含税的各种类别油价基本相同，各国价格差别基本是由于财税成本差别所导致，炼制成本差别在巨大的各国石油产品价格差别中几乎可以忽略。例如，运用车用柴油、高级无铅汽油和轻燃料油的国际可比数据，发现在柴油价格最高的挪威、瑞典、意大利、英国等欧洲国家，税收成本占柴油成本的一半以上，而美国税收成本仅为柴油价格的14%。在无铅汽油价格上，挪威、意大利和荷兰的税收成本占60%左右，而美国只有15%。在轻燃料油价格中，瑞典的比重接近50%，而美国只有5%。

根据石油行业财税政策存在的主要问题，需要在以下四个方面加以改进：

（1）完善石油特别收益金制度。目前石油特别收益金制度存在的主要问题，一是生产成本由国内市场决定，但“暴利税”——特别收益金采用美元标价，由美国和美元决定。美元标价方式虽然符合国际原油行业标准，但是这种盯住美元制度事实上导致了美联储的美元发行政策和美国货币政策对石油特别收益金有很大决定权。建议借鉴其他国家从大宗资源产品中提取公共收入的方式，防止公共财政收入因税基不稳定而出现大幅波动，建议将石油特别收益金的用途改为开放性市场下的能源安全基金。二是起征点太低，累进级次过多。建议拉大每一档税率之间的跨度，使税制的累进性能够充分发挥调节作用。在现行美元标价制度下，建议目前修改为3档，80美元、90美元、100美元为各档起征点，征收比率为20%、30%、40%。

（2）简化税制，正税清费，实现涉油收费清理与归并。当前各种收费项目更多体现了既有的部门利益，而不是按照税种性质来划分。资源补偿费和资源税的征收目标都是体现国家对于矿产资源的“财产权益”，体现国有资源有偿使用原则。按照财政部、国家发展改革委最新通知，自2014年12月1日起，在全国范围统一将煤炭、原油、天然气矿产资源补偿费费率降为零。在停征基础上，及时废止资源补偿费相关条例，以达到巩固改革成果、清费立税之目的。

（3）厘清收支政策，减少补贴和税收优惠项目类别。我国财政对于企业的支出项目繁多，每一个补贴或者税收优惠，都会对应一个政策，补贴过多意味着对企业经营干预过多。石油企业所获得的补贴，与其高额利润和作为石油特别收益金这个“暴利税”的征收对象身份明显不符，历来是社会各界所诟病的对象，给企业形象带来压力。在企业被征收各种税费的同时，也在接受着名目繁多的补贴，补贴过多意味着政府对企业经营干预过多。这些上市企业一旦进入发达国家市场，必然会成为国外反倾销、反补贴的调查对象，最终补贴给企业的财政支出会被征收反补贴、反倾销税，变成竞争对手的财政收入。

(4) 将能源行业改革落到实处，逐步恢复石油资源型产品的一般特征，更加科学地区分企业社会责任和财政支出责任，减少企业办社会支出。石油行业具有诸多税收优惠和财政补贴的原因，在于其承担了过多的政策业务，而补贴是专门针对政策业务进行的。企业办社会这个长期以来一直存在的顽症，今天在很多石油企业依然存在着，尤其是资源型城市和资源枯竭地区。

企业办社会不同于企业社会责任，因为前者以计划经济时期所形成的国有企业作为社会基本单位为前提，属于市场化改革不彻底的结果，这是石油企业作为老国有企业的历史问题；后者则是在市场经济中，企业在创造利润、对股东承担法律责任的同时，承担的对员工、消费者、社区和环境的责任，是企业自身发展的需要及以市场经营为前提的发展问题。改变企业办社会的责任，可以从以下三个方面着手：第一，国家财政明确特殊地区的财政支出责任模式，财政支出直接拨付给由于石油企业生产经营活动而形成的相关政府或社区，避免通过企业中介。第二，调整要素法测算系数，给资源型城市和资源枯竭地区更多的发展激励。第三，建议改变现有市场业务和政策业务合二为一的现状，分离政策业务和经营业务实体，在石油企业之外成立专门的石油政策类公司来执行政策业务，不再以营利为目标。

二 电力行业税费问题与改进措施

目前，我国电力行业的财税政策基本上形成了支持可再生能源发展的格局，这对于推进能源结构转型，实现清洁、低碳、绿色的现代能源体系具有重要的促进作用。具体来看，从环保设备的所得税优惠和免征关税与进口环节增值税，大小型水电、核电的增值税优惠，到可再生能源发电的税费优惠（免征基金）和补贴补助优惠政策，以及形成完整的环保电价体系等不一而足，基本覆盖了电力生产、输配和消费的全产业链的各个环节，我国非化石能源电力生产（装机总量和发电量）的增长趋势，较好地证实了相关优惠政策不同程度上已经发挥或即将发挥积极的促进作用。

从税制结构上来看，发达国家（主要为 OECD 国家）主要是以直接税为主，表现在以所得税和社会保障税为主体，占整个税收收入的比重达到 59%；相比较而言，对货物和劳务征收的间接税只有 30% 多。国外主要分为两种电价，一是居民家庭电价，二是工业用电电价，由于不存在交叉补贴现象，实际上工业电价一般都低于居民用电价格。从税收占工业电价的比重来看，IEA 国家消费者承担的电价税负水平存在差异，既有高达 20% 以上的挪威、奥地利和意大利，也有税收比重为 0% 的斯洛伐克、爱尔兰、葡萄牙。整体而言，居民用电电价中的税收成分明显高于工业用电，丹麦的税收比重更是高达 57%，意味着 100 欧元/兆瓦时的居民电价中，税收占到了 57 欧元/兆瓦时。税收比重的差异主要体现在不同税种和相关收费的差异上。OECD 国家当前电力商品中包括的需要缴纳的税种主要为特别税、消费税和增值税，并根据工业和居民电价的属性承担不同的税率，整体来看，工业用户承担的税费明显较低，居民用户则较高，从税种上来看，居民用户则基本上都需要缴纳，而工业用户则不然；从收费项目来看，当前 IEA 主要国家已基本上不再设置此项内容，目前电力公共服务补偿金只有法国在征收。从节能低碳环保，以及电力的清洁化趋势来看，不同国家已经征收了可再生能源附加费、环境税、硫税、绿色电价税、生态税，以及针对高电耗行业的消费税，等等。

我国电力行业税费政策存在的问题主要有：（1）针对某一环节实施优惠税收政策而对关联环节考虑不够，出现了同一行业税负水平的差异，甚至出现了与行业发展取向相悖的状况，如水电与天然气发电税负过重等。（2）电力行业整体承担的政府性基金及附加明显较多；相关的收费项目在电力行业也呈现出多样化和无序性，综合来看这对电力行业的发展尤其是对于推进当前我国电力体制改革存在着或多或少的消极效用。由于税费最终会反映到电价中，不合理的税费项目会使得整体电价水平偏高，加之我国交叉补贴的存在，使得制造企业整体的电价水平明显偏高，从整个产业竞争层面来看，基于国际的横向比较，这对我国相关产业的竞争力是极为不利的。

本书认为电力行业的财税政策改进或完善的内容包括如下：

（1）理顺财税政策在电力行业中的作用机理，提高优惠政策的作用效力。电力行业的优惠财税政策的制定或完善要切实准许从全产业链的视角看问题，并结合不同环节的技术经济特性来实施有针对性的政策举措，避免出现不同产业环节间的“彼此矛盾”而引致横向和纵向税负不公平问题。

（2）依据电力行业发展的现实环境，提高优惠政策的针对性、时效性和动态性。从已有的政策举措来看，优惠政策的时效性和针对性却因无法有效跟踪电力行业发展的技术特点而出现了预期偏差。具体体现在：所得税优惠目录技术标准的滞后性；政策执行的期限与范围因不切合实际影响了实施效果；政策实施的退出机制不完善。因此，未来财税政策的制定或实施必须坚持动态性：一是适度提高技术标准门槛，通过设定年限值或依靠某一指数来反映技术进步，以此作为推进某一些政策的标准；二是根据不同行业的属性，完善企业财税征收和优惠执行标准的划分，如可以把以往按时间维度调整为按生产技术或工艺维度等，如可调整为按照工艺装备、能耗、资源消耗、环保等行业准入的规定划分，自然工艺设备既可以根据产业链属性划分，也可以根据生产、运行等运作流程划分，终极的目标就是切实提高政策实施的效果，切实达到鼓励性行业又好又快发展的政策初衷；三是要适时调整补贴政策，逐步减少专项资金的补助规模。

（3）坚持清费利税的税改思路，依法加快清理电力行业存在的不合理收费项目。从我国目前电力行业涉及的收费项目来看，争议最大的就是价格调节基金和政府性基金项目。价格调节基金作为地方性的收费项目，其具有征收的随意性和征收额度、时间的自由裁量权。从销售电价的构成比重看，由于政府性基金及附加的电价加价比例较高，对电力消费者构成了隐性的税负，其征用相关信息的不公开也使得民众的质疑越发强烈。本书认为当前最重要的是应该对价格调节基金进行清理整顿，要加快制止价格调节基金乱摊派乱收费的状况，如果暂时不能取消的，要切实对其征收对象、范围、比例、减免等内容做出明确规定。与此同时，要加强政府性基金征收与废止的民主化参与，在强化对其“收、管、支”的基础上，加强对其设立、变更、撤销以及在征收过程中涉及的资金筹集、管理和支出信息进行公开，实现政府性基金的透明化，消除大家的猜疑和误解。

（4）支持能源进口多元化战略，实施针对清洁电力进口的优惠财税政策。虽然我国目前已实施了对包括天然气进口环节增值税优惠和高能效设备进口的优惠关税政策，但对于电力进口仍没有相关的政策支持。基于当前在环境规制严厉和火电项目受到区域性限制的情况下，特高压远距离输电技术的突破和渐趋广泛的应用，加之与周边国家电力互联互通趋势的加强，跨境电力贸易会呈现出增长的态势，因此，提前谋划和制定实施针对电力贸易的优惠财税政策具有重大的现实意义。

（5）回归电力的商品属性，规范优惠电价政策。在我国，由于电力体制改革不彻底，加之政府干预经济活动仍有相当大的市场，使得电力商品被赋予了较多的功能属性，其中优惠电价在实施过程中因被赋予变相的“税收”功能而遭诟病。无论是基于国外电力行业发展的特点，还是基于我国未来能源行业体制机制改革的趋向，可以预见，实现能源资源的商品属性无疑是最为关键的，这也是当前推动天然气、电力价格改革的缘由所在。从我国具体情况来看，电力行业市场化改革的最终目的就是要实现电力的商品属性，而逐渐通过政府与市场各自发挥职能的明确，使其逐步减少承担的社会公益性和其他属性功能，最终形成基于市场供求、反映生产成本和消费者权益的价格形成机制，当然这也是电力体制改革的初衷和终极目标。与此同时，从优惠电价政策实施的情况看，之所以出现各地不同的“优惠电价”政策，很大程度上在于电力的商品属性没有回归，在深层次上体现在电力体制改革的不彻底，问题的实质反映在交叉补贴上。

三　天然气行业税费问题与改进措施

天然气作为我国能源战略转型的重要组成部分，大幅提高天然气在我国能源消费中的比重已达成共识，但我国天然气供需缺口呈不断扩大走势直接关乎产业发展和能源安全。我国天然气消费占比提高在很大程度上依靠进口量增长来支撑。研究认为，天然气价格机制不健全和不完善的配套设施严重制约了天然气产业发展，只有在理顺价格形成机制和完善基础设施投资机制的基础上，配套相关的财税政策，才能实现天然气的有序发展。国家相关部门在2014年2—4月密集发布了关于天然气的一系列政策法规，涉及天然气领域的管网开放、供销合同、基础设施、价格机制等各个方面，是构建新形势下天然气监管体制的重要政策法律文件，对促进我国天然气行业的发展将产生重要影响，也是我国天然气行业税费改革的基础。

与俄罗斯、美国油气企业税收负担相比，我国油气企业税收负担大抵居于中等水平。但我国油气行业的税费体系相对较为复杂，涉及的税金、行政性收费多达30余种。其中，增值税、消费税等流转税占比较大，企业所得税以及适用油气行业的矿区使用费、探矿采矿价款、矿业权登记费等特殊税费所占份额均较小。从税费在价格中的比重来看，欧洲大陆国家，特别是北欧国家，如丹麦、芬兰、瑞典等国，税收在天然气价格中的占比较高，而在英国、加拿大等国，税收在天然气价格中所占份额则相对较低。以丹麦为例，税收在民用天然气价格中的占比为56%，是所考察国家中占比最高的国家，同样地，在芬兰，税收在民用和工业用天然气价格中的占比分别达40%和29%。在丹麦、芬兰等国，消费者支付的天然气价格中税收所占份额如此之高，而在英国、加拿大，税收在天然气价格中所占份额明显较低。在英国，民用天然气价格中，5%为税收部分，而在工业用天然气价格中，仅2%为税收部分。在加拿大，税收在民用和工业用天然气价格中的占比均只有5%。

天然气财税政策存在的问题与改进建议是：

（1）行业税费体系繁杂，存在重复征收现象，有进一步归并空间。天然气行业税费体系繁杂，不仅各地执法不一，还容易造成重复征收现象，有进一步归并空间。繁杂的行业税费体系导致两个较为突出的问题。第一，这些税费中有些缺乏全国统一规定，各地在具体征收办法上各行其是，给油气企业经营决策增加了不确定性。第二，繁杂的行业税费往往是政出多门，不仅推高了征纳成本，而且存在重复征收的现象。例如，油气企业在油气开采环节，不仅需要向税务部门缴纳资源税，还需要向地矿部门缴纳矿产资源补偿费。建议将矿产资源补偿费、资源税统一合并为资源税，在增加资源税率的同时，可依据矿区所处的环境，以及勘探开发所处的阶段，来确定不同的税率标准。

（2）缺乏应对油气行业海外项目政治风险的财税优惠政策，不利于鼓励企业“走出去”。油气生产经营本身就具有较高的风险，对于“走出去”的油气田企业，项目所在国政治局势的不确定性会进一步加大生产经营风险。尽管相关部门已经出台了企业境外所得税收按“分国（地区）不分项”或“不分国（地区）不分项”抵免的优惠政策，但是，跨国经营中所在国的政治局势动荡给油气企业造成的损失往往是巨大的，现有的优惠只是杯水车薪。对于此类风险，不仅需要油气企业自身通过有效的海外项目风险管理及保险操作避免和化解，也需要政府出台更具针对性的、更大幅度的税收优惠或税收减免政策。

（3）天然气行业的企业所得税规定仍有优惠空间。综观我国现行的企业所得税法，不难看出，企业所得税在鼓励天然气行业投资、研发方面优惠不够、激励不足，有进一步调整的空间。第一，在研发费用扣除方面，现行的研发费用扣除政策往往因立项门槛高、限制条件多，而在执行过程中难以落实到位；第二，我国所得税法没有专门针对天然气行业加速折旧和投资抵免的规定，加速折旧也是针对特定的固定资产，并且对企业享受加速折旧和投资抵免规定了限制条件。

（4）鼓励天然气进口的财税政策力度不足。我国当前天然气国内市场价格过低，与国际市场价格相差较大，造成进口天然气价格和天然气销售定价的倒挂。尽管我国按相关项目进口天然气价格和国家天然气销售定价的倒挂比例，对进口天然气（包括液化天然气）的进口环节增值税予以返还，但是，相对于其他国家而言，我国政府对鼓励天然气进口的政策优惠力度仍有不足。以英国为例，自 2011 年起，英国对进口天然气开始免征增值税。当前进口的液化天然气较国内价格差距较大，可考虑减免天然气进口环节增值税，从而能降低进口天然气的成本，进而缩小进口气与国产气之间的价格差距，鼓励对海外天然气资源的合理利用。

（5）税法与其他法规存在不一致的现象，有待于统一协调。在实践中，油气行业存在税法与其他法规不一致的现象，有待于跨部门的协调。以雇主责任险为例。对于油气企业，为员工购买雇主责任险可有效降低企业经营风险。就雇主责任险保费能否税前列支问题，现行《企业所得税法实施条例》与《保险法》存在冲突。根据《保险法》第 12 条、第 95 条之规定，雇主责任险属于财产保险的范畴，按照规定缴纳的保险费，应当准予扣除。根据《企业所得税法实施条例》第 36 条规定，除企业依照国家有关规定为特殊工种职工支付的人身安全保险费和国务院财政、税务主管部门规定可以扣除的其他商业保险费外，企业为投资者或者职工支付的商业保险费，不得扣除。由于目前财政部、国家税务总局并未明确"其他商业保险"和特殊工种的范围或参照执行的文件，根据该条的规定，基本上所有的商业保险费支出都不得税前扣除。

(6) 进一步完善对非常规天然气开发的优惠政策。非常规天然气是科技进步和政策扶持驱动下出现的新型化石能源，与常规天然气具有一致的产品属性。我国的地质条件有利于非常规天然气资源的形成和赋存，加快非常规天然气开发利用对改善能源结构、保证国家能源安全具有重大的战略意义。但是，非常规天然气资源丰度偏低，技术要求更高，开发难度更大。从相关国家经验来看，实现非常规天然气的大规模开发利用，财税政策优惠不可或缺。不过，通过对现有政策的梳理，我们认为，当前我国就非常规天然气开发的优惠力度不足，优惠政策有待于进一步完善。现有政策对页岩气开采企业实施营业税改征增值税、生产性不动产进项税可抵扣等优惠政策，这与对煤层气抽采企业支持力度相同，另外，中央对页岩气开采企业还给予0.4元/立方米的补贴，不过，该补贴标准有效期至2015年，之后的补贴标准将根据页岩气产业发展情况予以调整。这种不确定的优惠政策无疑增加了相关企业的决策风险。对于致密气而言，从发现的资源来看，其资源可观或成为我国非常规天然气的"领头羊"。尽管国家已参照页岩气，在资源税方面采取减半征收的优惠政策，但中国尚未形成单独针对致密气的核准概念，仍未被列入独立矿种，更无特别的财税优惠政策。总而言之，我国需要进一步完善对非常规天然气开发财税政策，通过相关的优惠政策进一步调动社会主体积极参与非常规天然气的勘探开发。

四　煤炭行业税费问题与改进措施

煤炭是重要的基础能源和工业原料，长期以来为保障我国经济社会快速健康发展发挥了重要作用。然而，作为一种负外部性比较明显的化石能源品种，在当下雾霾防治形势严峻、绿色低碳发展迫切的背景下，煤炭市场供求形势发生了逆转，表现为过往"黄金十年"的结束，受此影响，煤炭企业呈现出亏损面加大、持续经营困难的局面。为了帮助煤炭企业脱困，各个煤炭生产大省也不断出台了各项救市政策，其中涉煤费用清理成为重点。为什么涉煤费用清理（取消或停征）有助于疏解当前煤炭企业困难，这背后的机理是什么，基于此，本书对当前我国煤炭行业存在的税费问题进行研究，研究发现，当前煤炭企业承担了大量的行政性收费和基金项目，以山西为例，即使清理之后，仍有 16 项行政性收费，加之煤炭企业承担的多达 14 项的税种，使得煤炭行业整体税费负担明显较重，基本处于 30% 左右的较高水平。同时，与同工业行业平均水平比较来看，仅增值税税负一项就是工业平均水平的一倍多，由此可见，税费政策对于煤炭行业可持续健康发展具有决定性意义。整体而言，当前煤炭行业存在的税费问题及改进建议如下：

（1）煤炭行业增值税税负较重，进项抵扣额度明显偏低。对于煤炭行业而言，我国的增值税改革，均没有实现煤炭企业税负下降的目的。1994 年、2009 年两次增值税改革，均不同程度地造成煤炭行业税负的增高。按照 1994 年增值税税率，2007 年煤炭采选业实际增值税率为 7.32%，同期全国规模以上工业企业实际增值税税率仅为 3.41%，煤炭行业实际增值税税率高于全国工业平均水平一倍多。2009 年增值税转型，初衷在于改生产型增值税为消费型增值税，减少产业生产环节重复征收现象，故增加了固定资产抵扣，以便最终降低税负，进而促进投资。然而，根据计算，2013 年全国工业企业增值税综合税率为 2.93%，而煤炭采选业却高达 6.35%，仍高于全国工业平均水平一倍多。这就意味着增值税改革并没有带来煤炭行业实际税负的显著下降。与此同时，由于煤炭行业属于资源性行业，煤炭在从资源转为产品的生产过程中，可用于抵扣的进项相对较少，增值税的转型令煤炭行业并没有享受到实惠，反而因无法有效抵扣而造成实际税负提高。

（2）涉煤收费项目较多，煤炭企业税费负担偏重。中国煤炭工业协会曾对国内煤炭企业进行税费成本的调研，范围涉及 5 个省份，包括 14 家大型煤炭企业，其调研结果显示，煤炭企业税费支出占煤炭企业营业收入的 35%，其中税负约为 21%，费用负担为 14%；同时，本书根据某煤炭公司的年报计算得出的费用占税费总额的 16.06%。由此可见，涉煤收费项目给煤炭企业带来了沉重的负担。

（3）生态环保类收费名目繁多，“费改税”趋势下企业经营压力日趋加重。近几年，国家及地方政府非常重视环境的治理，发布了严格的法律法规，既有收费和基金的法规，又有环境治理相关政策。从前述梳理的资料来看，煤炭生产企业涉及的生态环保类税费主要包括水土流失补偿费（山西和陕西）、水土流失治理费（内蒙古和山西）、煤炭价格调节基金（内蒙古）、煤炭可持续发展基金（山西）、水土保持补偿费（财政部、国家发展改革委、水利部、中国人民银行）。与此同时，在当前环保形势越发严峻的现实背景下，我国也加快了对排污费征收标准进行大幅调整的步伐，根据《中华人民共和国环境保护税法（征求意见稿）》中的环境保护税税目税额表，在“排污费”逐步被“环境保护税”取代的过程中，排污收费征收标准也将明显提高，从短期来看，这一改革趋势意味着煤炭企业承担的税收压力得到进一步提升，而且，为了避免缴税，企业在污染治理上的投入会明显加大，成本费用也会提升，这在当前情况下，显然不利于企业经营。

（4）煤制油消费税过重，不利于煤炭工业的多元化发展。推进煤炭企业业务转型和多元化发展是当前煤炭发展大环境不景气背景下的现实选择，其中，煤制油、煤化工是煤炭企业进行产业链拓展或产业深加工的重要选择。然而，煤制油消费税的开征，却是极为不利于煤炭企业转型和多元化战略发展的。《国家税务总局关于消费税有关政策问题的公告》（2012 年第 47 号）的出台，意味着煤焦油加氢、煤直接液化，以及 MT-BE 等企业将缴纳消费税。2014 年 11 月以来，国家连续三次提高成品油消费税税率，成品油税负比例已增至 45% 左右。根据计算，调整后，以一个 16 万吨/年煤制油示范项目为例，柴油综合税负为 39. 67%，石脑油综合税负为 61. 55%。受国内成品油消费税税率的提高与国际油价的持续下跌影响，目前每生产一吨柴油，企业亏损 301. 08 元；每生产一吨石脑油，亏损 753. 07 元，消费税过重已成为制约煤制油产业发展的主要因素。

（5）矿山环境治理恢复保证金规范标准不统一，保证金返还面临现实困难。保证金制度在中国开始普遍施行以来，其面临的矿山治理项目验收困难、保证金归还不及时、专款专用无法保障等问题随之出现。同时，由于依然没有国家层面的立法规范，各省在制定保证金制度的具体内容上缺乏统一，存在明显的差异，比如，保证金的征收标准、监督和管理、矿山环境治理恢复后的验收，以及验收后保证金提取的时间限定等，甚至连保证金的名称都不尽相同，如陕西省称为“矿山地质环境治理恢复保证金”，而山西省称为“矿山环境恢复治理保证金”。由于没有全国层面的具体执行细则，这就给地方执行留下了自由裁量的空间，很容易造成地方政府在财政吃紧的局面下挪作他用，造成项目验收后的兑现困难或返还拖延，严重影响企业的后续经营决策。

针对上述我国煤炭行业财税政策存在的突出问题和我国煤炭行业发展的现实环境与未来趋向，本书认为积极推进煤炭行业财税体制机制改革是必要的，也是十分重要的。同时，鉴于煤炭作为国家主体能源地位短期内难以发生根本性的改变，在煤炭安全绿色生产和高效清洁利用的转型过程中，发挥煤炭财税政策的积极效用也是行业健康持续发展的内在要求。基于上述判断，本书认为煤炭行业财税政策的调整与完善需要坚持以下原则：一是继续坚持能源行业“清费立税”的改革，探讨煤炭增值税税率或抵扣范围扩大税制调整，切实减轻煤炭企业的税费负担；二是在推动能源结构转型的基础上，坚持推进煤炭绿色安全生产和清洁高效利用；三是在税制安排（尤其是环保税）的策略上要坚持历史唯物主义，既要考虑到当前煤炭经营的困难局面，坚持做到不增加税负，同时也要结合长远，做到有利于推动煤炭行业转型升级；四是要结合各地地质地理条件的实际（如平原地区和山地地区），考虑煤炭企业生产特点，调整相关制度安排，坚持政策意愿与企业经营安排并行不悖；五是坚持能源消费总量控制和节能减排，逐渐形成针对煤炭消费环节的税制结构。

参考文献

1. 王为民：《我国政府性基金及附加收入规范管理研究》，《改革与战略》2007 年第 12 期。
2. 胡兰玲、曹玉雯：《我国政府性基金设立制度研究——以国家重大水利工程建设基金为视角》，《河北法学》2014 年第 2 期。
3. 杨卫、吴红宇：《浅论水电能源税收政策》，《四川水力发电》2012 年第 5 期。
4. 李林木：《发达国家税制结构的变迁轨迹与未来走向》，《涉外税务》2009 年第 7 期。
5. 朱柏铭：《厘定“政府性基金”的性质》，《行政事业资产与财务》2012 年第 3 期。
6. 宋艳霞：《我国风电产业发展的财税支持政策研究》，财政部财政科学研究所，2010 年博士学位论文。
7. 陈嘉茹、雷越和陈建荣：《2013 年世界主要国家油气及相关能源政策分析》，《国际石油经济》2014 年 Z1 期。
8. 李荣华：《国外电价改革与实践》，中国电力出版社 2014 年版。
9. 高培勇：《由适应市场经济体制到匹配国家治理体系——关于新一轮财税体制改革基本取向的讨论》，《财贸经济》2014 年第 3 期。
10. Cansino，J. M.，Pablo－Romero，M. D. P.，Román，R.，& Yñiguez，R.（2010）. Tax Incentives to Promote Green Electricity：An Overview of EU－27 Countries. *Energy Policy*，38（10），pp. 6000—6008.
11. International Energy Agency，*Energy Prices and Taxes*，4th Quarter 2014.
12. 朱志国：《我国天然气行业发展财税激励政策探讨》，《内蒙古科技与经济》2012 年第 6 期。
13. 马特：《澳大利亚油气的投资、财税环境综述》，《经济视角：下》2013 年第 7 期。

14. 王美田：《财税政策研究——以中国天然气产业为例》，人民日报出版社 2014 年版。
15. 孙家胜、王春婷：《我国矿产资源补偿财税政策探析——以油气资源为例》，《税务与经济》2014 年第 3 期。
16. 杨娜曼、张其仔、吴煜：《促进我国页岩气产业发展的对策》，《经济纵横》2014 年第 3 期。
17. 陈嘉茹、雷越、陈建荣：《发挥市场在资源配置中的决定性作用——2013 年中国油气政策综述》，《国际石油经济》2014 年第 Z1 期。
18. 何春蕾、肖学兰：《中国天然气行业政策研究进展及框架构建》，《天然气工业》2013 年第 6 期。
19. 茅启平、王忠桥：《中国石油企业海外投资回顾与启示》，《国际经济合作》2013 年第 6 期。
20. 王莎莎：《对我国目前天然气财税政策趋势分析及建议》，《科技创业月刊》2009 年第 1 期。
21. 丁浩、张书通：《非常规油气产业财税优惠政策研究》，《中国石油大学学报》（社会科学版）2014 年第 1 期。
22. 曹勇：《石油企业境外所得税的抵免——对财税［2011］23 号文的解读与应对》，《国际商务财会》2012 年第 4 期。
23. 陆家亮、赵素平：《中国能源消费结构调整与天然气产业发展前景》，《天然气工业》2013 年第 11 期。
24. 汪红：《我国天然气利用行业现状及发展趋势分析》，《中国能源报》2014 年 2 月 12 日。
25. 邓郁松：《沿着市场化的方向完善天然气价格形成机制》，《人民日报》2013 年 7 月 5 日。
26. 青岛市财政局：《营改增政策解读》，2013 年 8 月 28 日，http：//qdcz. qingdao. gov. cn/czj/2/5/41/130828053629603312. html。
27. 重庆市国家税务局：《石油天然气开采享受税收优惠》，2011 年 9 月 26 日，http：//news. hexun. com。
28. 《解读财税［2009］97 号：企业增值税政策变化要点》，2009 年 7 月 28 日，http：//www. cnnsr. com. cn。
29. 中国石油集团经济技术研究院：《2013 年国内外油气行业发展报告》，2014 年 1 月。

30. 范必：《气改从管网突破》，财新网，2014 年 1 月 14 日。
31. 刘满平：《天然气价改路在何方？产业和体制改革更为重要》，《中国石油石化》2014 年 2 月 3 日。
32. 王尔德：《十三五课题承担者详解天然气价改路线：2023 年完成市场化》，《21 世纪经济报道》2014 年 11 月 25 日。
33. Young，E. （2014）. Global Oil and gas tax guide. http：//www. ey. com。
34. Young，E. （2012）. Global oil and gas tax guide. http：//www. ey. com。
35. BP 世界能源统计年鉴（2013），http：//www. bp. com。
36. BP 世界能源统计年鉴（2014），http：//www. bp. com。
37. 姚尧：《关于增值税转型的经济学思考——基于博弈论和最优税制理论》，《财会月刊》2009 年第 14 期。
38. 谢东辉：《关于煤炭企业增值税税负偏重与进项税抵扣中存在问题的探讨》，《经济师》2014 年第 8 期。
39. 胡波：《谈煤炭可持续发展基金对山西省经济运行的影响》，《山西财税》2008 年第 4 期。
40. 吕建锁、白泉旺：《我国煤炭综合治理的财税政策探析》，《财政研究》2007 年第 2 期。
41. 狄恩硕：《我国实施增值税政策转型后对煤炭行业的影响与思考》，《财经界（学本版）》2012 年第 11 期。
42. 苏明：《中国环境税改革问题研究》，《当代经济管理》2014 年第 11 期。
43. 王甲山、包仁杰：《中国煤炭企业税收筹划》，《辽宁工程技术大学学报》（社会科学版）2013 年第 2 期。

后　记

本书是我在中国社科院财经战略研究院工作期间启动的研究项目，并得到了国家能源局法规司的支持，课题组成员主要由我的博士生和博士后组成，特邀付敏杰副研究员参加。我回到工经所工作后，这个项目的研究团队继续合作，逐步完成了对石油、天然气、电力和煤炭四个行业财税政策的梳理和国际比较。在研究过程中，课题组采取了“请进来”和“走出去”相结合的调研方式，与中国石油天然气集团公司、中国神华集团公司、中国华电集团公司、伊泰集团有限公司、兖矿集团有限公司有关人员进行了座谈和交流，特别在此向上述有关人员和国家能源局法规司表示感谢。本书第一章和第二章由付敏杰、李玉婷执笔，第三章由聂新伟、蔺通执笔，第四章由汪崇金、李雪慧执笔。第五章由聂新伟执笔。我确定本书的研究提纲、研究内容，并对本书的主要研究结论和观点进行提炼，形成第六章。我的博士生聂新伟在本项目研究后期做了许多辅助工作。我要感谢课题组成员按时完成研究计划，使得我们能够及时向国家能源局有关部门提供研究结论和开展相关工作。另外，需指出的是，受时间、专业和数据资料所限，本书肯定存在许多不足，望读者批评指正。

史丹

2015 年国庆